MANNI BREUCKMANN

Alles außer Fußball

KOLUMNEN mit
VOLLSPANN und FINESSE

Vorneweg

Nee, was bin ich froh, dass ich mal was anderes als Fußball machen darf! Ich weiß ja, dass ich durch den Fußball reich und berühmt geworden bin. Aber irgendwann reicht es auch, immer die gleiche Leier: Sie servieren dir Currywurst mit Pommes und nen halben Liter Bier, weil das ja die Grundnahrungsmittel des Fußballreporters sind, und dann stellen sie dir Fragen zu Schalke und zum BVB.

Jahrzehntelang habe ich das klaglos mitgemacht. Ich wollte ja nicht undankbar sein. Jetzt kommt Gott sei Dank mal was anderes. Ich spreche über Politik, über Wirtschaft, über Kultur, aber lieber nicht über Oper und Ballett, über Essen und Trinken sowieso, über die ganz banalen Dinge des Alltags. Nordrhein-Westfalen hab ich zwar immer im Blick, aber ansonsten gibt es keine Grenzen und wenn mir einer ein Gläschen Rotwein aus Frankreich dazu reicht – hab ich nix dagegen.

Aber ganz ehrlich: Manchmal, ab und zu, nicht zu oft, muss es doch Fußball sein. Ausnahmsweise.

Ich freu mich drauf.

Bis die Tage!

Inhaltsverzeichnis

Spaß am Leben

Teddy-Klinik 12
Der glückliche Münsterländer 13
Der Angler 14
SwinGolf 15
Panamahut 16
Schutzengel in der Bretagne 18
Pokerphilosophie 19

Gaumenfreude

Kreative Eissorten 23
Kaffee 24
Lacto-Vegetarier 26
Pistazien-Eis-Syndrom 27
Das Butterbrot 29
Perlen der Wein-Poesie 31

Kaum zu glauben

Inklusive Currywurst 35
Nervende Werbung 36
Müllbeseitigung 37
Trinkgeld 38
Mitbringsel 39
Schrottfahrräder 41
Das Düsseldorfer Gepäckband 42
Blinkmuffel 43
Tätige Reue 44

Küchengeplauder

NRW-Küche? 48
Lecker Spargel 50
Westfälischer Schinken 51
Pumpernickel 52
Himmel und Ähd 53
Pflaumenkuchen 54
Bergische Kaffeetafel 55
Pickert 56

Panhas   57
Dosenbrot   58
Knabbeln   59
Mostert   60
Flönz   61
Stutenkerl   62
Rheinischer Sauerbraten   63
Kölsch kein Bier?   64
Wein aus NRW?   65
Rheinisches Apfelkraut   66

Schwarz auf weiß

Noch einmal lesen   71
Gegen die Hitze   72
Bücher mit Personenlisten   74
Fastenzeit   76

Was mich umtreibt

Der Denunziant   80
Vergessene Konten   81
Was ist Krieg?   82
Hybride Kriegsführung   84
Ukrainische Altenpflegerinnen   86
Sexualbegleitung   87
Pädokriminelle   88
Keine Schalte mit den Lügenmedien   91
Der Wutwinter   93

Feierlichkeiten

Karfreitag   96
Österliche Geschenk-Orgie   98
Weihnachtsmarkt im August 101
Adventskalender 102
Printen 104
Ohne Moos nix los 106
Zwischen den Jahren 109

Ben

Ben – ein paar Worte vorweg.   112
Hauptsache gesund   113
Was Ben alles kann   114
Ben und die Sexualität.   116
Bens Essverhalten   118
Ben hatte Corona.   119
Bens Ernst des Lebens   120
Bens Aggressionen   121
Ben ist volljährig   122
Bens Stottern   124
Bens Ferienfreizeit.   125
Ben in der Geisterbahn   126
Ben ist ein Schelm   128
Bens starker Wille.   131
Ben hat keine Freunde   133
Ben in der Schalker Arena   134
Ben wird das Nest nicht verlassen   136

Streifzüge übers Land

Brachter Wald   140
Vopos mit Grundgesetz.   141
Magic Mountain   142
Bundesbank-Bunker   144
Zoom Erlebniswelt   147
Schiffshebewerk.   148
Tag der Trinkhallen   149
Bergwerk Ramsbeck   150
Marta   152
Die Ringenberger Mauer   153
Sauerlandlinie   154

Bilderverzeichnis

Bilderverzeichnis.   156

Spaß
am
Leben

Teddy-Klinik

Anfang Juni war es mal wieder soweit: Das Universitätsklinikum Bonn öffnete für drei Tage sein Teddy-Krankenhaus. Über tausend Kindergartenkinder erschienen mit ihren verletzten oder vermeintlich kranken Kuscheltieren, um sich von hundert Medizin-Studierenden beraten und behandeln zu lassen. Anmeldung, Fragebogen, Röntgen, Ultraschall, Operationen – spielerisch sammelten die Kinder Erfahrungen mit dem Krankenhausleben. Und die angehenden Ärztinnen und Ärzte probierten den sensiblen Umgang mit jungen Patienten. Zum Schluss gab's dann Gummibärchen auf Rezept.

Die Bonner Teddy-Klinik hat Tradition seit 2004, ähnliche Aktionen gibt es überall in Deutschland, in NRW unter anderem auch in Bochum, Essen und Köln. Die Ursprünge stammen aus Skandinavien.

Defizite gibt es leider auch immer noch in der Kommunikation mit erwachsenen Patienten. Nicht alle Ärzte sind Naturtalente, wenn es zum Beispiel darum geht, schwere Diagnosen einfühlsam mitzuteilen.

Da helfen dann auch keine Teddy-Kliniken.

Bis die Tage!

Der glückliche Münsterländer

Ich staune ja immer noch über die Ergebnisse im neuesten bundesweiten Glücksatlas. Danach ist das Münsterland die Region mit den glücklichsten Menschen in ganz Deutschland. Damit sind die Münsterländer die Finnen Deutschlands, denn in Finnland wohnen die Glückspilze weltweit.

Mir fiel dann sofort auf, dass sowohl Münsterländer als auch Finnen eher ruhige Vertreter sind, und dass beide Volksgruppen gerne ein Gläschen nehmen. Aber ich gebe zu, das ist jetzt ein an den Haaren herbeigezogener Vergleich.

Bemerkenswerte Glücksfakten im Münsterland gibt es reichlich: eine junge Bevölkerung, ein hoher Lebensstandard und vergleichsweise wenig soziale Ungleichheit. Das kann aber doch nicht alles sein.

Ich guckte nochmal auf die Glücks-Ergebnisse und bemerkte dabei, dass der ganze westfälische Teil unseres Bundeslandes das Rheinland in Sachen Glück klar abhängt. Und dann machte es plötzlich „Klick" und mir wurde die entscheidende Glücks-Ursache klar: Die Westfalen inklusive der Münsterländer platzen vor Glück, weil sie keine Rheinländer sein müssen. Ich finde, das leuchtet sofort ein. Muss jetzt nur noch wissenschaftlich abgesichert werden.

Bis die Tage!

Der Angler

Im Hafen von Cala Figuera auf Mallorca sitzt stundenlang ein Angler. Da kommt ein erfolgreicher Unternehmer vorbei und spricht ihn an: „Ich hätte da eine Idee. Schaff dir einfach eine zweite Angel an." „Warum?", fragt der Angler. „Ganz einfach. Die Fische von der einen Angel isst du selber, und die von der zweiten verkaufst du an die Touristen." „Okay. Und dann?"
„Dann wirst du bald genug Geld haben, dir ein Boot zu kaufen. Damit fährst du raus zum Fischen. Und wenn du genug Ertrag zusammen hast, kannst du Hilfskräfte einstellen. Vielleicht später sogar ein zweites Boot kaufen. Und noch mehr Mitarbeiter beschäftigen."
Der Angler kommt doch sehr ins Nachdenken und meint: „Das klingt ja alles nicht schlecht. Aber trotzdem musst du mir noch eine winzige Frage beantworten: Wozu der ganze Aufwand? Warum sollte ich das alles machen?" „Ganz klar", sagt da der Unternehmer. „Damit du später sorglos und entspannt im Hafen sitzen und angeln kannst."

Bis die Tage!

SwinGolf

Ein Bekannter teilte letzte Woche stolz mit, er sei Deutscher Vizemeister geworden. Im SwinGolf.

Was fürn Golf? Ich musste tatsächlich nachforschen und stellte fest, dass diese Sportart in meinen bisherigen Lebensjahren an meiner Wahrnehmung vorbeigerauscht ist.

Arrogante traditionelle Golfer in ihren sportlich-schicken Klamotten mit den zwölf Schlägern im Golf-Trolley würden sagen: Das ist Golf für Arme. Da die Golfer aber alle tolerant und bescheiden sind, sprächen sie eher von einer abgespeckten Golf-Variante. Für die Abiturienten: weniger ambitioniertes Golf. Es gibt nur einen Schläger, die Bälle sind etwas größer, das Golfloch ist so groß wie eine Pizza. Es wird schon auf großen Bahnen gespielt, die befinden sich aber schon mal auf einer gemähten Bauernwiese. Keiner muss bestimmte Klamotten anziehen, getrunken wird eher Pils statt Champagner. Das Wort Platzreife ist unbekannt, nach einer Einweisung können Sie loslegen, eine Runde SwinGolf über 18 Bahnen ist schon für 15 Euro zu haben. Das hört sich alles sehr locker und gemütlich an.

Wer es in NRW ausprobieren will: SwinGolf-Anlagen gibt es unter anderem in Essen, Moers und Ascheberg.

Bis die Tage!

Panamahut

Seit Wochen laufe ich mit einer fixen Idee durch die Gegend: Ich hätte gerne einen Panamahut. Macht was her, ist leicht und luftig, und schützt gegen die Sonne. Aber bin ich das überhaupt, Panama-Hut? Diese Kopfbedeckung aus der hochwertigen Faser der Toquilla-Palme gilt als edel und vornehm. Es fallen Begriffe wie Stil, Klasse und Eleganz. Da spare ich mir mal vorsichtshalber jeglichen Kommentar.

Möchte ich etwas sein, was ich gar nicht bin? Einer wie Ernest Hemingway, Winston Churchil oder Paul Newman, berühmte Träger des Panamahutes? Erich Honecker lass ich mal weg.

Was mich sehr beeindruckt, ist die kunstvolle Herstellung der Hüte. Die passiert traditionell in Heimarbeit, seit vierhundert Jahren in Ecuador, der Heimat des Panamahutes.

Den falschen Namen bekam er, weil die Hüte eine Zeitlang nur über Panama in die USA exportiert werden durften. Je dünner die Faser, je höher die Faserdichte, um so besser die Qualität. Ein paar Monate Arbeitszeit für die ganz hochwertigen Hüte sind keine Ausnahme. Für einen passablen Hut sind an die zweihundert Euro fällig. Es gibt auch welche im locker vierstelligen Bereich.

Ich glaube, ich denk nochmal drüber nach.

Bis die Tage!

Schutzengel in der Bretagne

Es ist schon sehr lange her, da erfuhr ich am Rande eines Dorfes in der Bretagne, dass ich einen Schutzengel habe. Dort war ein großes Festzelt aufgebaut, in dem Riesenmengen elsässisches Bier flossen und eine Trachtenkapelle aufspielte. „Fête de la Bière" hieß die Sause, Bierfest. Unsere Sechsergruppe beteiligte sich respektabel am Umsatz und strebte weit nach Mitternacht Richtung gemeinsames Ferienhaus. Es war stockfinster und mich überkam ein dringendes Bedürfnis. Um dem abzuhelfen, stellte ich mich auf ein etwa fünfzig Zentimeter hohes Mäuerchen und befreite mich vom Druck des Bieres. Leider geriet ich zustandsbedingt ins Schwanken und fiel auf der anderen Seite der Mauer hinunter.

Aber keine fünfzig Zentimeter. Es ging dort gut zwei Meter in die Tiefe. Böse Falle. Brombeerbüsche an der Mauer bremsten meinen Fall. Der Gott sei Dank nicht etwa auf einem asphaltierten Parkplatz endete, sondern auf einer matschigen Wiese. Ich weiß heute noch, wie ich einem kleinen Suchtrupp entgegenrief: Hallo, Je suis là bas. Ich bin da unten. Verletzungen: fast keine. Nur ein paar Schrammen und zehn, zwölf Brombeerdornen in der Haut. Seit jener Nacht bin ich mir sicher: Es gibt da jemand, der passt auf mich auf.

Bis die Tage!

Pokerphilosophie

Ein Interview mit zwei Poker-Spielerinnen hat mir doch tatsächlich ein Stück Lebens-Philosophie beschert. Nina Lehle und Natalie Hof-Ramos sprachen über Parallelen zwischen Poker und dem wirklichen Leben.

– Erkenntnis Nummer eins:

Beim Poker lernst du, ständig Entscheidungen zu treffen. Verkriech dich auch im richtigen Leben nicht vor fälligen Entscheidungen. Nichts zu tun bedeutet mindestens Stillstand, wenn nicht gar Rückschritt. Nach vorne bringt es dich nie, wenn du die Dinge nur laufen lässt.

– Erkenntnis Nummer zwei:

Es kann sein, dass sich eine Entscheidung als falsch herausstellt. Wenn dabei aber Dinge ausschlaggebend waren, auf die du keinen Einfluss hast, musst du nicht hadern. Beim Poker sind es die schlechten Karten, im echten Leben andere Dinge, die du nicht steuern konntest. Über eine Entscheidung nach bestem Wissen und Gewissen solltest du dich nicht ärgern. Das wirklich und mit innerer Überzeugung hinzukriegen ist sehr schwierig.

Die beiden Poker-Frauen haben mir wertvolle Hinweise gegeben. Trotzdem fange ich jetzt nicht mit dem Zocken an.

Bis die Tage!

Gaumen-
freude

Kreative Eissorten

Nein, ich falle nicht auf jeden Marketing-Schwachsinn herein. Und wenn es den internationalen Tag des WC-Reinigers gäbe, würde ich hier nix über Kloreiniger erzählen. Aber den Tag der kreativen Eissorten, den 1. Juli, den möchte ich schon angemessen begehen.

Ich persönlich bin eher ein konventioneller Eis-Schlecker, der die gängigen sahnigen Sorten bevorzugt: Vanille, Stracciatella, Malaga. Für mich ist sowas wie Salz-Karamell schon fast revolutionär. Aber sehr lecker.

Was da sonst alles noch reingerührt wird, macht mich nicht immer neugierig. Warum nicht mal Ingwer- oder Lakritz-Eis? Orange mit Kurkuma und Chili, Lavendel-Heidelbeer-Spargel, Kastanie mit Rosmarin und Pinienkernen – würde ich alles probieren.

Aber Zwiebel-Eis, Gurken-Eis oder Eis mit Döner-Geschmack? Brauch ich nicht. In New York wird Eis mit Hummerstückchen hergestellt. Könnte auch aus Düsseldorf kommen.

Aber irgendwann wird's ekelig:

Eis mit püriertem Pferdefleisch aus Japan, oder mit Rentier-Fett aus Alaska. Igitt! Mein persönlicher Höhepunkt: Viagra-Eis mit 25 mg Viagra und Champagner-Geschmack. Hat ein Engländer gemacht, die Gesundheitsbehörde hat's dann aber verboten.

Schade eigentlich.

Bis die Tage!

Kaffee

Ich gehöre weiß Gott nicht zu den Menschen, die irgendwelchen Trends hinterherhecheln. Aber den Trend zum guten
Kaffee finde ich richtig klasse.

Früher haben wir uns ein Pfund Tchibo, Eduscho, Onko oder
Jakobs gekauft und mit dem Plastik-Maßlöffel in den Filter
geschaufelt. Noch früher drehte ich die Kurbel an der Hand-
Kaffeemühle. Jetzt ist aus dem Kaffee fast eine Wissenschaft
geworden. Und der Genuß kann sauteuer sein.

So ein Vollautomat, in dem die Espressobohnen gemahlen
und dann zu Espresso, Cappucino oder Latte Macchiato veredelt werden, kann schon mal locker tausend Euro kosten.
Geschmacklich unübersichtlich wird es bei den verwendeten
Bohnen. Und wieder teuer. Für ein Kilo wird gerne um die
dreißig Euro genommen. Selbstverständlich kommen die aus
einer kleinen – psst, Geheimtip – Privatrösterei. Allein in NRW
gibt es mindestens vierzig davon. Eine Kaffeebohne hat, halten Sie sich fest, rund 800 Aroma-Komponenten. Da hilft nur:
durchprobieren.

Irgendwie müssen wir doch auf die 168 Liter pro Kopf jährlich
in Deutschland kommen! Und ganz im Vertrauen: Es gibt Auto-
maten, die können nur Espresso. Die kosten dann vielleicht
200 Euro. Ich hab mir dazu noch einen günstigen elektrischen
Milchaufschäumer gekauft.

Jetzt bin ich ein Kaffeekünstler von eigenen Gnaden.

In Fachkreisen würden sie mich Barista nennen.

Bis die Tage!

Lacto-Vegetarier

Ich kann es ja kaum glauben, wie viele verschiedene Ernährungs-Religionen existieren. Okay, den Unterschied zwischen Vegetariern und Veganern, den kriege ich noch hin. Aber: Wissen Sie zum Beispiel, was Semi-Vegetarier auszeichnet? Oder Lacto-Vegetarier?

Also: Der Semi-Vegetarier darf außer pflanzlicher Ernährung noch Fisch und Geflügel essen. Der Lacto-Vegetarier packt auf das Pflanzliche noch Milch und Milchprodukte drauf. Absolut mein Ding wäre der Pudding-Vegetarier, der einen starken Hang zu Süßigkeiten und Süßspeisen hat.

Dann gibt es noch die Frutarier: Die nehmen nur Produkte von Pflanzen zu sich, die bei der Ernte nicht sterben müssen oder gequält werden. Das geht so weit, dass manche Frutarier unter dem Baum sitzen und warten, bis der Apfel runterfällt.

Eine barmherzige Erfindung für alle, die normal weiteressen wollen, trotzdem aber unbedingt zu einer weltanschaulichen Ernährungsgruppe gehören möchten, ist der Flexitarier.

Da steht praktisch alles auf dem Speiseplan, aber nur wenig Fleisch, das hochwertig sein soll. Eine Frage hätte ich noch: Wie heißen die Menschen, die sich nur von Currywurst-Pommes und Bier ernähren? Die Phase hatte ich nämlich mal vor langer Zeit. Ein Kumpel sagte mir, die heißen Risiko-Patienten. Das ist aber natürlich Quatsch.

Bis die Tage!

Pistazien-Eis-Syndrom

Als wir neulich mit einem befreundeten Ehepaar das Silvester-Menü zusammengestellt haben, musste ich wieder an das Pistazieneis-Syndrom denken. Und das geht so: Mögen Sie Pistazien-Eis? Ich mag das, in die Hitparade meiner Lieblingssorten gehört es aber überhaupt nicht. Ein Kumpel von mir schwört auf Pistazien-Eis, da geht nix drüber, und wenn einer sagt: Nee, das mag ich überhaupt nicht, sagt er: Das ist doch unglaublich, wie kann man diese wunderbare nussige, lindgrüne Köstlichkeit nicht mögen. Das kapier ich nicht. Und schon sind wir beim Pistazien-Eis-Syndrom.

Das könnte auch andere Namen tragen: Kartoffelsalat-Syndrom zum Beispiel. Wie, du magst den Kartoffelsalat meiner Mutter nicht? Es gibt doch nix Besseres! Oder Mettbrötchen-Syndrom. Für Mettbrötchen mit dick Zwiebel drauf könnte ich sterben. Wie, du nicht? Find ich unbegreiflich.

Leider können manche Mitmenschen es nicht verstehen: Meine persönliche Welt, mit allen Vorlieben und Schwächen und Meinungen, ist eben meine Welt. Sie ist nicht für alle anderen verbindlich. Wenn ich etwas superklasse finde, dann kann ein anderer das für ganz grausam und unerträglich halten. Für den Bereich des Geschmacks gilt das ganz besonders. Allerdings nicht für das Gulasch meiner Frau. Das muss einfach allen schmecken.

Bis die Tage!

Das Butterbrot

In regelmäßigen Abständen wird in den Medien eine Horror-meldung verbreitet: Das Butterbrot ist in Gefahr. Und zwar, weil es ein spießiges Überbleibsel aus dem letzten Jahrhundert sei, das dringend abgeschafft gehöre. Ich frage an der Stelle immer, durch was denn die Stulle, die Knifte, dat Dubbel oder dat Bütterken ersetzt werden soll. Oder schon ersetzt wurde? Durch Cornflakes oder Müsli beim Frühstück? Oder vielleicht durch dieses pappige, geschmacklose Etwas, das mir an Bahnhöfen oder Tankstellen als Sandwich angeboten wird? In einem Land mit geschätzten 3000 unterschiedlichen Brot-spezialitäten? Und was bitteschön ist spießig an einer Scheibe Roggenbrot mit Butter und westfälischem Schinken?

Bevor ich mich hier in Rage rede: Es darf jeder essen, was er will, und ich gönne allen Liebhabern ihren Quinoa-Brei mit Mandelmilch. Und vielleicht nasche ich auch mal davon, weil ich so neugierig bin.

Aber das Butterbrot, mal morgens, mal abends, wird bleiben. Unter anderem, weil da Erinnerungen dranhängen, zum Bei-spiel an die Hasen-Bütterken von meinem Vater, die der auf der Arbeit nicht aufgegessen hatte, und die ich dann abends verputzen durfte. Mann, war das lecker!

Bis die Tage!

Perlen der Wein-Poesie

Wenn ich als Fußballreporter irgendwo zu Gast war, glaubten die Leute immer, mich mit Pils, Pommes und Currywurst verwöhnen zu müssen. Dabei bin ich in erster Linie Weintrinker, und die Bottroper Gourmetplatte gibt's bei mir vielleicht vier, fünf Mal im Jahr.

Beim Wein bin ich ein glühender Fan der ausschweifenden poetischen Beschreibungen im einschlägigen Fachhandel: „Aus dem Glas steigt eine reiche, tiefdunkle Beerenfrucht, Blaubeere, Brombeere, etwas frischer Tabak, Bleistiftabrieb, Graphit."

Wat, der Wein soll nach Bleistiftmine und Graphit schmecken? „Die Tannine sind massig vorhanden, aber reif und fein, kräftig nachschiebend hintenraus." Bedeutete das sowas wie: Hinten kackt die Ente?

Ein anderer Rotwein soll nach „Herzkirschen und Cranberries, aber auch nach Holzkohle und angeflämmtem Fleisch" schmecken. Ich glaub, den will ich lieber nicht. Bei Weinbeschreibungen kommen an die zweihundert Aromen vor.

Am schlimmsten sind für mich die sogenannten animalischen Noten. Da wird von Pferdeschweiß und durchgerittenen Pferdesätteln gesprochen. Eins glaube ich ganz fest: Je größer der vorhergehende Weinkonsum, umso abgefahrener die Geschmacks-Assoziationen der Weinkritiker und -verkäufer.

Bis die Tage!

Kaum zu glauben

Inklusive Currywurst

Am Tage der Fußball-WM-Eröffnung war ich bei einer Protestveranstaltung der AWO im Herner Stadion. Da stand auch ein Imbisswagen, an dem für die Mitwirkenden Currywurst mit Pommes angeboten wurde. Der Mann, der mir diese Köstlichkeiten rüberreichte, erzählte mir gleich vier Mal, dass er mich kennen würde. Da schimmerte mir: Das war ein Mensch mit Behinderung.

Die sogenannte Food-Box ist einer von zwei Wagen, der für die Firma MDS am Start ist. Der Münsteraner Dienstleistungs Service, mit der AWO und der Lebenshilfe verbändelt, steht für Inklusion. Ich hatte also quasi eine inklusive Currywurst aufm Teller. Das Personal der Imbisswagen ist immer Fifty-Fifty gemischt aus Behinderten und Nicht-Behinderten.

Die gehandicapten Menschen können sogar die Kasse bedienen, denn es wurde ein einfaches und barrierefreies Kassensystem entwickelt, ohne Bargeld.

Die Foodtrucks haben gut zu tun, überwiegend im Großraum Münster. Sie kommen zu privaten Feiern genauso wie zu Firmenveranstaltungen. Es muss auch nicht immer Currywurst sein. Die Currysauce ist übrigens nach einem Geheimrezept selbst gemacht. Sie wollten es mir aber leider nicht rausrücken.

Bis die Tage!

Nervende Werbung

Es gibt Werbung, über die kann ich mich schlapplachen.
Aktuell gefallen mir die Gummibärchen-Spots gut, in denen
Erwachsene von Kinderstimmen synchronisiert werden.
Sehr lustig!
Der Uralt-Klassiker ist das HB-Männchen, das serienweise
von Dingen und Menschen geärgert wurde und dann in die
Luft ging.
Einen hohen Lachfaktor hatte auch die für McDonalds tätige
Familie Bratbecker, die immer wieder von einem verrückten
gackernden Huhn angerufen wurde.
Aber manchmal ärgere ich mich doch sehr über Werbespots.
Zum Beispiel, wenn Sportler trotz nicht nachgewiesener Wirk-
samkeit ein bestimmtes Shampoo mit Coffein loben: „Weil ich
meine Haare behalten will."
Oder wenn die Macho- und Kumpel-Spots für Fußballwetten
laufen, in denen so getan wird, als sei das Zocken eine harm-
lose sportliche Betätigung und kein Riesengeschäft mit
Suchtgefahr für die Kunden. Und das mit Sprechern, die so
reden wie im Western: „Noch warm und schon Sand drauf."
Die verlogene und gefährliche Werbung für Arzneimittel und
Nahrungs-Ergänzungen wäre einen eigenen Beitrag wert.
Am meisten hat mich allerdings der Müsli-Hersteller genervt,
der seinen kleinen Sohn zu einem „Lecker, lecker, lecker" in
Dauerschleife genötigt hat.
Doch das ist Gott sei Dank schon lange vorbei.

Bis die Tage!

Müllbeseitigung

Neulich sah ich ein Foto von einem Papierkorb in Bornheim.
Da war eine aufgeplatzte durchsichtige Plastiktüte zu sehen.
An den Seiten quollen Essensreste heraus. Ob Chili con Carne
oder Erbsensuppe war nicht eindeutig zu erkennen. Ob Bornheim, Sprockhövel oder Herford, überall in unserem Land
schert sich eine Minderheit einen feuchten Kehricht um Müll-
regeln und wirft einfach alles in die Landschaft. Das ist in den
letzten Jahren leider schlimmer geworden. Was tun?
Ich fürchte Appelle und Überzeugungsarbeit gehen zu oft ins
Leere. Auch die Aktionstage mit Freiwilligen, die Böschungen
und Flussufer vom Schmutz der anderen befreien, sind nur
Heftpflaster auf stark blutende Wunden. Es muss schlicht
größerer Druck ausgeübt werden. Wirklich drastische Strafen
müssen kommen. Wir brauchen auch mehr städtische Müll-
detektive und nicht zu vergessen, aufmerksame Bürgerinnen
und Bürger. Und wenn die etwas melden,
beschimpfe ich sie nicht
als Denunzianten. Denn
in Wirklichkeit sind sie
wertvolle Helfer im
Kampf gegen die
Drecksäcke.

Bis die Tage!

Trinkgeld

Das Thema Trinkgeld kann ein ganz heißes Thema sein. Vor allem, wenn du mit Menschen zusammenkommst, die den Igel in der Tasche haben.

Ich muss da ganz besonders an einen Silvesterabend denken. Es ging um ein Silvesteressen in einem Schwarzwälder Land-gasthof, bei dem unsere Gruppe von zehn, zwölf Leuten auf eine moderate Gesamtrechnung von 650 Euro kam. Ein harter Kern von drei Geizhälsen wollte sich tatsächlich weigern, die Summe für die jungen und freundlichen Bedienungen auf min-destens 700 Euro aufzustocken. Das hat mich unsagbar sauer gemacht. Meine Drohung, das Trinkgeld aus eigener Tasche für alle zu bezahlen, hat dann aber gewirkt.

Geiz in allen Formen kann ich schwer ertragen. Natürlich im-mer vorausgesetzt, er entspringt nicht einem wirklichen Geld-mangel. Ich finde schon die Weigerung problematisch, die Gesamtzeche einfach durch die Personenzahl zu teilen.

Auch wenn das Ergebnis nicht zu hundertzwanzig Prozent ge-recht ist.

In Berlin mussten vier Freunde und ich mal auf ein Frühstücks-büffet verzichten und in die Bäckerei nebenan gehen, weil einer sich mit dem Hinweis durchsetzte, er würde morgens ohnehin nur zwei halbe Käsebrötchen verzehren. Da wären 15 Euro für ein Büffet rausgeschmissenes Geld. Ich bedaure es bis heute, dass wir den einen nicht allein in die Bäckerei geschickt haben.

Bis die Tage!

Mitbringsel

Ich habe Freunde, die bringen grundsätzlich nichts mit, wenn sie zum Essen oder Kaffeetrinken eingeladen sind. Darüber gab es nie eine Absprache. Sie tun es einfach nicht. Ein anderes befreundetes Pärchen war fast beleidigt, als wir mal vorschlugen, die Mitbringerei sein zu lassen.

Also gibt es jetzt wieder ein Flasche Wein oder ein paar Blümchen. Manche Besucher erwecken den Eindruck, als wenn sie uns beschämen wollten. Etwa mit teurem Champagner. Oder noch schlimmer, mit selbstgemachtem Orange-Chilli-Minze-Gelee. Mit einem Schuss Cointreau. Alles hochkreativ verpackt. Da können wir nicht mithalten.

Interessant wird es, wenn die sehr spezielle Öl-Essig-Kombination nach einem halben Jahr als Geschenk anderer Gäste wieder in unseren Haushalt zurückkehrt. Wir sagen dann einfach nichts und verschenken die Fläschchen zwei Wochen später in eine gänzlich andere Richtung.

Vielleicht sollte man sich darauf einigen, fünf Flaschen Eierlikör der selben Marke auf ewig im Freundeskreis rotieren zu lassen. Ich fänd das lustig.

Bis die Tage!

Schrottfahrräder

Es scheint so eine Art Volkssport geworden zu sein, alte ausgediente Fahrräder einfach irgendwo abzustellen, wo sie dann vergammeln und das Stadtbild verschandeln. Das macht den Kommunen zusätzliche und vollkommen überflüssige Arbeit.

In Düsseldorf wurden in einem Jahr rund 2000 Fahrräder entsorgt oder versteigert, in Köln sind es mehr als doppelt so viele, in München kommen sie auf eine fünfstellige Zahl.

Die Städte können nicht „einfach so" tätig werden, dazu ist das Eigentum ein zu hohes Gut. Funktionsfähige Räder kriegen zum Beispiel eine Art Knöllchen verpasst, und erst wenn der so vorgewarnte Eigentümer wochenlang nicht reagiert, wird das Fahrrad abgeräumt.

Wenn Bürger sich – auch gut gemeint – in die Entsorgung einmischen, kann es kompliziert werden. In der Fahrradhauptstadt Münster stimmte sich neulich eine private Initiative sogar mit dem Ordnungsamt ab und wurde trotzdem von der Polizei beim Einsammeln von Schotträdern gestoppt.

Übrigens: Die Recycling-Höfe nehmen ausgediente Zweiräder problemlos an. Aber wahrscheinlich ist das für viele schon eine Zumutung.

Bis die Tage!

Das Düsseldorfer Gepäckband

Ich möchte doch noch eine Anmerkung zum sogenannten Flughafen-Chaos bei Ferienbeginn machen. Ich lebe seit 1975 in Düsseldorf, mein erster Flug vom örtlichen Flughafen begab sich im Jahr 1977. Und seitdem habe ich schon viele anregende Stunden am Gepäckband des Düsseldorfer Flughafens verbracht.

Ich schätze mal, dass ich mindestens ein, zwei Monate meines Lebens in das Loch gestarrt habe, aus dem mein Koffer irgendwann anrollen sollte. Ja, es gab jene glücklichen Momente, in denen das Gepäck zügig nach Verlassen des Flugzeugs antransportiert wurde. Aber immer wieder, und das hört nie auf, glauben Sie mir, stand ich dort blöd rum. Und regte mich auf. Im Kollektiv mit den anderen für dumm Verkauften. Was ein schönes Gefühl der Solidarität erzeugt.

Eine besondere Spezialität am Düsseldorfer Gepäckband erinnert an den gefürchteten Bröckchenhusten: Es kommen fünf, sechs Gepäckstücke, und dann tritt erstmal eine schöpferische Gepäck-Pause ein. Mehrfach. Wenn Sie einen Beweis für eine nicht-reparable Unfähigkeit zur Lösung eines logistischen Problems suchen: Fahren Sie zum Gepäckband nach Düsseldorf International. Ich könnte mich dafür erwärmen, Gruppenreisen anzubieten. Aber ohne Gepäck.

Bis die Tage!

Blinkmuffel

Und nun ein wichtiger Hinweis für viele Autofahrer: Links unter dem Lenkrad befindet sich ein Hebel. Wenn man den nach oben zieht, zeigt das Fahrzeug auf der rechten Seite rhythmisches Licht. Wird der Hebel gedrückt, leuchtet es links. Im Bürokraten-Deutsch heißt die Light-Show: Fahrtrichtungsanzeiger. Im Alltag sprechen wir von Blinker.

Es wäre eine sehr gute Idee, den Blinker dann und wann auch zu betätigen. Beim Abbiegen, beim Überholen zum Beispiel, beim Wechsel der Fahrspur, beim Anfahren. Ehrlich gesagt ist Blinken sogar Pflicht. Leider ist im letzten Jahrzehnt der Verzicht aufs Blinken eine echte Volkskrankheit geworden. Deutschland hat europaweit die meisten Blinkmuffel, ungefähr ein Drittel der Autofahrer. Wo liegt eigentlich das Problem, mal eben auf den Blinkhebel zu tippen? Da gibt es nur Vermutungen. Eine davon sieht in den Blink-Verweigerern kleine Rebellen, die sich ihre eigenen Regeln machen. Und dabei mal eben vergessen, dass ohne Blinken gefährliche Situationen entstehen können.

Und: Baut der Mini-Rebell einen Unfall, kriegt er eine Mitschuld aufgebrummt. Das wird dann deutlich teurer als das Standard-Bußgeld von gerade mal zehn Euro.

Bis die Tage!

Tätige Reue

Die folgende kleine Geschichte aus dem Polizeibericht im münsterländischen Nottuln wurde im Internet als Brüller und Schenkelklopfer gehandelt. Nach dem Motto: Wie blöd kann man nur sein? Ich fand sie zwar skurril, aber eher anrührend. Und darum ging es:

Vermutlich drei junge Männer waren in eine Verkaufsbude für Erdbeeren und andere Leckereien eingebrochen. Dort klauten sie Marmelade und ein paar Flaschen Sekt. Noch in der gleichen Nacht brachten sie die Sachen zurück und legten einen Zettel dazu, auf dem geschrieben stand: „Es tut uns leid. Wir sind hier aus Dummheit eingebrochen. Wir bereuen das und entschuldigen uns vielmals. Sorry." Drei Rufzeichen.

Ich find das super. Auch weil es nicht alle Tage vorkommt, dass Menschen einen Fehler so klar zugeben und ihn korrigieren. Vielleicht haben die Jungs aber auch einfach Angst gekriegt, erwischt zu werden. Das wäre dann moralisch nicht ganz so hochstehend. Aber trotzdem ist diese Geschichte für mich mehr als eine reine Lachnummer.

Bis die Tage!

Küchen-
geplauder

NRW-Küche?

Manchmal, ganz selten, bin ich etwas naiv. So dachte ich mir: Mach doch mal einen Beitrag über die nordrhein-westfälische Küche. Das war natürlich eine Schnapsidee. Denn es gibt keine nordrhein-westfälische Küche. Ebenso wie es den Nordrhein-Westfalen als Mensch nur auf dem Papier gibt. Westfälische Küche, Panhas, Töttchen, Pickert, die existiert. Obwohl hier eine Unterscheidung nach Regionen wie Münsterland, Sauerland, Siegerland und Lipperland nicht schaden kann. Ähnlich sieht es mit der rheinischen Küche aus, Sauerbraten, Riefkooche, Himmel und Ähd fallen mir da auf Anhieb ein.

Für alle Küchen-Varianten und Spezialitäten in unserem Bundesland aber gilt:

Sie gehören durchweg nicht zu den großen Küchen dieser Welt und repräsentieren die eher schlichte Bauern- und Arbeiter-Küche. Da ist es manchmal eine große Hilfe, dass an jeder Ecke ein Italiener, Grieche oder Türke darauf wartet, uns kulinarisch zu verwöhnen. Obwohl die auch manchmal Aussetzer haben. In den nächsten Kolumnen werde ich mir die einheimische Küche näher angucken. Denn ich habe festgestellt: Einiges ist richtig lecker.

Bis die Tage!

Lecker Spargel

Die Deutschen lieben ihren Spargel. Mit Butter oder mit holländischer Sauce. Mit Schinken, mit Steak oder Lachs. Jährlich werden fast 116.000 Tonnen weißer Spargel verputzt. Niedersachsen ist – was die Erntemenge – angeht, deutscher Spargelmeister, gefolgt von Brandenburg und Nordrhein-Westfalen.

In unserem Bundesland gibt es sage und schreibe um die 140 Spargelhöfe mit etwa 4.000 Hektar Anbaufläche. Sie alle versammeln sich unter der Marke „Spargelstraße NRW" im Internet.

Die beiden Spargelregionen Walbeck am Niederrhein und Bornheim zwischen Köln und Bonn waren schlau. Sie sind auf Antrag in das EU-weite Register regionaltypischer Spezialitäten aufgenommen worden und lagern jetzt zwischen Champagner und Spreewaldgurke.

Wer sich über Spargel vor Ort schlau machen will, sollte ins Dörfchen Scherlebeck am Rande des Ruhrgebiets fahren. Dort gibt es ein Spargelmuseum.

Ich hab neulich mal eine besondere Garungsart ausprobiert: drei bis fünf Stangen mit Salz bestreuen und Butter bestreichen. Dann in Pergament einwickeln und bei 160 Grad 30 Minuten im Ofen garen. Lecker.

Bis die Tage!

Westfälischer Schinken

Was passiert eigentlich, wenn im Mai der Kuckuck ruft?
Ganz klar, dann wird der frisch gereifte westfälische Schinken
angeschnitten und neben den Spargel gelegt. So will es die
Tradition. Hauptsache, der Kuckuck ist noch nicht ausgestor-
ben.

Westfälischer Schinken kommt aus dem Münsterland und
dem Sauerland. Er spielt in einer Liga mit dem italicnischen
Parmaschinken und dem spanischen Jamon Serrano, hat
allerdings eine Besonderheit: Es handelt sich um Knochen-
schinken. Während er gepökelt und über Buchenholz kalt
geräuchert wird und anschließend noch ein paar Monate reift,
ist der Röhrenknochen noch im Schinken. Das verleiht ihm
seine besondere nussige Würze.

Mittlerweile gibt es auch eine mildere luftgetrocknete Variante. Sehr stolz sind die westfälischen Schinkenproduzenten
darauf, dass ihr Produkt seit 2013 im europäischen Register
der geschützten Ursprungsbezeichnungen steht. Das gilt aber
nur für die Herstellung, das Fleisch muss nicht unbedingt aus
westfälischen Ställen kommen.

Zum Beispiel vom schwarzgefleckten Bentheimer Land-
schwein, das sich früher von den Eicheln in den westfälischen
Eichenwäldern ernährte.

Bis die Tage!

Pumpernickel

Als Westfale liebe ich natürlich das dunkle und klebrig-süßliche Pumpernickel. Es verleiht übernatürliche Kräfte und besteht aus Roggenschrot und den vollen Körnern des Roggens. Der Teig wird nach dem Anbacken bei hoher Temperatur sage und schreibe sechzehn Stunden lang bei hundert Grad eher gedämpft als gebacken.

Pumpernickel mit Schinken, mit Käse oder mit Leberwurst ist richtig lecker. Ich bevorzuge allerdings die Variante belegtes Brötchen und obendrauf eine Scheibe Pumpernickel. Das schwarze Brot ist auch die Grundlage für eine süße oder herzhafte Suppe oder für eine kreative Nachtischcreme mit Quark und Sauerkirschen.

Es gibt mindestens zehn Antworten auf die Frage, warum Pumpernickel Pumpernickel heißt. Die beiden originellsten: Es bedeutet sowas wie „furzender Nikolaus". Wegen der blähenden Wirkung.

Oder: Napoleon wurde es angeboten, er mochte es aber nicht und sagte: C'est bon pour Nicole. Das ist gut für Nicole. Nicole war sein Pferd. Bon pour Nicole, Pumpernickel. Zu schön, um wahr zu sein.

Bis die Tage!

Himmel und Ähd

Bei der Suche nach den kulinarischen Spezialitäten zwischen Rhein und Weser kommen wir an Himmel un Ähd nicht vorbei. Das ist ein kölsches Nationalgericht, sagt der Kölner in all seiner Bescheidenheit. Er unterschlägt dabei, dass Himmel und Ähd auch in Düsseldorf gegessen wird, und in Sachsen, in Bayern und im Elsass auch.

Es handelt sich um ein sehr verbreitetes Bauerngericht aus dem 18. Jahrhundert. Die Hauptbestandteile wachsen entweder oben im Himmel, die Äpfel vom Apfelbaum, oder in der Erde, die Kartoffeln. Dazu gibt es in Mehl gewendete gebratene Blutwurstscheiben und Röstzwiebeln. So mancher Kantinen-Taliban nimmt Apfelmus aus dem Glas und Püree aus der Tüte. Das wird mit Kochverbot nicht unter drei Monaten bestraft. Die einzelnen Komponenten werden aber sehr wohl unterschiedlich zubereitet: feines Püree oder etwas groberer Stampf, Apfelkompott oder karamelisierte Apfelstückchen – da gibt es viele Varianten. In jedem Fall ist das Essen preisgünstig: Im Brauereiausschank Himmel und Ähd in Düsseldorf kostet der Teller 9,20 Euro.

Bis die Tage!

Pflaumenkuchen

Jede Jahreszeit hat ihre kulinarischen Höhepunkte. Der September ist die Zeit des Pflaumenkuchens. Süß, saftig, meistens auf Hefeboden, mit einem Zimt-Zucker-Gemisch überstreut – herrlich. Und eine wunderbare Gelegenheit, Klugscheißer-Wissen zu verbreiten.

Was ist nämlich der Unterschied zwischen einer Pflaume und einer Zwetschge? Pflaume ist der Oberbegriff, also: die Zwetschgen sind auch Pflaumen. Aber sie unterscheiden sich: Zwetschgen sind nicht so saftig und süß und haben ein festeres Fruchtfleisch als andere Pflaumensorten. Sehen Sie den weißlichen Belag auf der Pflaume? Das ist ein Indiz für Frische, denn dieser Film bildet sich durch Kondenswasser noch am Baum. Und verblasst nach längerer Lagerung.

Zum Schluss noch ein Backtipp von Oma: Um das gefürchtete Durchweichen des Teiges zu vermeiden, den Hefeteig vor dem Belegen mit den Pflaumen mit einem Päckchen Sahnesteif bestreuen. Das saugt die Flüssigkeit der Pflaumen auf.

Und Achtung in Wespenjahren.

Dann ess ich den Pflaumenkuchen drinnen.

Bis die Tage!

Bergische Kaffeetafel

Nehmen wir mal an, Sie haben gerade acht Stunden hart im Wald gearbeitet, und die letzte Mahlzeit liegt 24 Stunden zurück: Dann ist die Zeit gekommen für die Bergische Kaffeetafel.

Der Name klingt harmlos, es handelt sich aber um eine der größten Kalorienberge westlich des Urals. Im Bergischen Land sagen sie auch: Kaffeetrinken mit allem Drum und Dran. Das Drum und Dran sieht dann so aus: Waffeln, Rosinenstuten, Milchreis mit Zucker und Zimt, Roggenbrot, Quark, Apfelkraut, Birnenkraut. Manchmal gibt's auch noch Wurst, Käse und Schinken sowie Eierpfannkuchen. Wenn vorhanden, sollte Geschirr mit Zwiebelmuster auf dem Tisch stehen.

Der zentrale Blickfang ist die Dröppelminna: eine dreibeinige Zink-Kaffeekanne in Birnenform. Minna, weil Dienstbotinnen früher oft so hießen. Und weil der Ausguss der Kanne, ein kleiner Kran, schnell mit Kaffeesatz verstopft war, dröppelte der Kaffee so vor sich hin.

Tja, dann haun Sie mal rein. Aber besser erst nach der Fastenzeit.

Bis die Tage!

Pickert

In Ostwestfalen oder im Lipperland kriegen Sie schon mal eine Art Pfannekuchen auf den Teller. Der heißt Pickert und gilt in diesen Breiten als Nationalgericht. Ich hab den Pickert, so wurde es mir empfohlen, mit Leberwurst bestrichen ... und war begeistert.

Wann, so fragte ich mich, tritt der Pickert endlich seinen weltweiten Siegeszug an? Obwohl er seiner Herkunft nach ein Arme-Leute-Essen war?

Nun ja, die meisten Menschen auf dem Globus kennen Pickert überhaupt nicht. Um das zu verändern, bräuchte es eine gigantische Marketing-Kampagne. Dazu ist der Ostwestfale aber zu bescheiden und der Lipper zu geizig, ehrlich gesagt.

Der Pickert besteht aus geriebenen Kartoffeln, Mehl, Hefe, Milch und Eiern. Manche geben Rosinen in den Teig. Das wird in Detmold als Neureichen-Pickert verunglimpft. Viel zu teuer, diese Rosinen. Statt Leberwurst lässt er sich auch gerne mit Rübenkraut, Butter oder Apfelmus bestreichen. Ein einfacher, aber wunderbarer Imbiss.

Bis die Tage!

Panhas

Veganer, fundamentalistische Tierschützer und Susanne sollten besser abschalten. Denn in meiner Reihe mit NRW-Delika-
tessen geht es jetzt um den westfälischen Panhas. Und der hat
nun mal leider ganz viel mit Schlachten und mit Blut zu tun.

Vor meinem geistigen Auge erscheint gerade der kleine Man-
ni, wie er in der elterlichen Waschküche nach dem jährlichen
Schlachten das Blut rührte. Damit es nicht geronn. Damit war
ich sozusagen Mittäter bei der Panhas-Herstellung. Traditio-
nelle Grundlage war die Brühe in dem Kessel, in dem die
Würste gekocht wurden. Manchmal platzte eine Wurst, die
Brühe war deshalb sehr üppig. Sie wurde gewürzt und mit
Buchweizenmehl gebunden. Dann kam das Blut hinzu, fertig
war der Panhas, der dann nach dem Abkühlen fest wurde.
Scheibenweise in Schmalz angebraten schmeckt er etwa zu
Sauerkraut oder Möhren durcheinander.

Im Münsterland gibt es noch eine Variante ohne Blut, was wieder mal den feinen und sensiblen Charakter des Münsterlän-
ders unterstreicht.

Der Begriff Panhas hat übrigens nichts mit Hase zu tun. Er
setzt sich zusammen aus Pan gleich Pfanne und Harst, was
gebratenes Fleisch bedeutet. Keiner muss das essen. Ich persönlich halte es aber für ein Privileg, Panhas essen zu dürfen.

Bis die Tage!

Dosenbrot

Worüber in diesen Tagen gesprochen wird, ist schon unglaublich. Zum Beispiel über Gaskocher. Wenn der Strom mal ausfallen sollte. Oder über Dosenbrot. Das Bundesamt für Katastrophenschutz empfiehlt, sich einen Vorrat an Wasser und Lebensmitteln für zwei Wochen anzuschaffen. Dazu gehört auch Dosenbrot. Themen, über die bislang nur psychisch angeknackste sogenannte Prepper fabuliert haben. Ich gehe mal davon aus, dass das lange haltbare Brot in Dosen in der Hitparade der kulinarischen Kostbarkeiten ganz weit unten angesiedelt ist. Aber im Notfall macht es eben den Hunger weg.

Alle, die mal beim Bund waren, kennen solche Dosen aus der EPA, der Einmann-Packung, die jetzt aus Gründen der Gleichberechtigung Ein-Personen-Packung heißen muss. Das Wahnsinnige am Dosenbrot ist die ewige Haltbarkeit. Es könnte uns alle überleben. Obwohl nur eine Mindesthaltbarkeit von zwei Jahren draufsteht.

2002 fand einer mal eine Dose aus dem Zweiten Weltkrieg. Und siehe da, der Inhalt war noch genießbar. Der Grund: Das Brot wird in der Aluminium-Dose gebacken, sofort anschließend steril verschlossen und dann förmlich eingekocht.

Einen guten Appetit allerseits!

Bis die Tage.

Knabbeln

Ich habe wirklich gedacht, dass diese Spezialität in Vergessenheit geraten ist. Es gibt sie aber tatsächlich noch in münsterländischen Bäckereien und Hofläden. Die Rede ist von Knabbeln, und die Jüngeren werden wirklich nicht mehr wissen, was das ist.

Es geht um eine schlichte Mahlzeit, hauptsächlich als Frühstück, das aus Münsterländer Bauernstuten hergestellt wird. Der Hefestuten wurde früher in großer Stückzahl gebacken. Damit nichts weggeworfen werden musste, machte man einige Brote haltbar. Dies geschah, indem sie in Brocken, in Knabbeln eben, zerrissen wurden. Etwa in der Größe einer halben Faust. Die Knabbeln wurden dann in der Restwärme des Backofens oder 15 Minuten lang bei 150 Grad goldbraun geröstet. In verschlossenen Dosen sind Knabbeln lange haltbar.

Zum Verzehr werden sie in tiefe Teller gegeben und wahlweise mit Milch, Milchkaffee oder Schokolade übergossen. Etwas Zucker obendrauf, fertig. Mein Onkel Heinz bevorzugte eine herzhafte Variante, indem er Speck und Zwiebel ausließ, dies über die Knabbeln gab und mit heißer Milch auffüllte.

Wohl bekomm's und
bis die Tage!

Mostert

Mein alter Freund Rainer führte früher im Brauhaus unseres Vertrauens eine befremdliche Zeremonie vor: Er beförderte einen Löffel Senf in die Vertiefung zwischen Daumen und Zeigefinger und schleckte die scharfe Paste genussvoll weg. Mehrmals am Abend. Er wurde deshalb vom Brauhaus-Chef mit dem Spitznamen „Mostert" bedacht. Denn in Düsseldorf, und nur dort kann die Geschichte spielen, wird der Senf noch gelegentlich „Mostert" genannt.

Das hängt mit der Senf-Herstellung zusammen: Die braunen, weißen oder schwarzen Senfkörner werden nämlich gemahlen und dann mit Most oder Branntweinessig und mit weiteren Gewürzen vermischt. So werden unterschiedliche Geschmacksrichtungen und Schärfegrade produziert, und, je nach Mahlgrad, grober oder feiner Senf. Es gibt in NRW zwar traditionsreiche Produktionsstätten wie die Senfmühle Monschau oder die Senfmühle Hochsauerland in Schmallenberg. Aber die Wiege des hiesigen Senfes steht in Düsseldorf: Den ABB-Senf gibt es seit 1726. Für mich immer noch die perfekte Mischung aus Würze und Schärfe, abgefüllt in Tontöpfchen. Hergestellt unter dem Dach von Löwensenf, 2001 geschluckt von der Firma Develey in Unterhaching. So viel zum Thema Tradition.

Bis die Tage!

Flönz

Die Kölner sind ja bekanntlich extrem lustig. Sie fragen zum Beispiel den auswärtigen Besucher, den Imi, wie man das Wort „Blootwoosch" richtig ausspricht. Wenn er das dann nicht richtig hinkriegt, laachen se sech kapott und sagen: „Et heißt richtig Flönz." Hahaha.

Aber jetzt komm ich. Als Klugscheißer. Denn: Blootwoosch und Flönz ist nicht dasselbe. Es sind zwei Würste von einem Stamm, ja, mit Schweinefleisch, Schwarte, Blut, Speckwürfeln und Gewürzen. Aber sie unterscheiden sich durch die Art der Zubereitung. Blutwurst, Blootwoosch wird leicht geräuchert, Flönz wird gekocht.

So. Den meisten Rheinländern wird das ziemlich egal sein. Sie mögen beides. Flönz war ursprünglich die Bezeichnung für die Wurstzipfel, die die Metzger im 19. Jahrhundert billig verkauften. Als Arme-Leute-Essen oder für den Hund.

Heute ist die Flönz Kult. Sie wird heiß gegessen, als Himmel un Ähd, aber meistens kalt als sogenannter Kölscher Kaviar, mit Roggenbrötchen, Röggelchen, Zwiebelringen, Senf und vielleicht einer Gurke. Im Karneval ist Flönz oft besungen worden, und im Millowitsch-Theater gab's sogar ein Stück mit dem Titel: „Für eine Handvoll Flönz".

Bis die Tage!

Stutenkerl

Als ich vor langer Zeit ins Rheinland kam, musste ich ein paar neue Wörter lernen. Der Kellner in der Kneipe heißt Köbes, das Roggenbrötchen Röggelchen. Und der westfälische Stutenkerl, der am Martinstag oder zu Nikolaus gegessen wird, wird am Rhein Weckmann genannt.

Beide Bezeichnungen benennen die Teigart, nämlich einen gesüßten Hefeteig. Die Figuren stellen einen Bischof dar, die eingebackene Tonpfeife soll den Bischofsstab symbolisieren.

Nun glauben Sie mal nicht, die Namen Weckmann oder Stutenkerl wären einzig. Im deutschsprachigen Raum gibt es für die Hefe-Bischöfe mehr als zwanzig Bezeichnungen.

In der Nordeifel sprechen sie von Pitschmann, im Bergischen Land vom Piefekopp. Im Mönchengladbach liegen Buckmänner in der Vitrine, im östlichen Münsterland Piepenkerle.

Am lustigsten klingt es in der deutschsprachigen Schweiz, wo Grittibänze verkauft und verteilt werden.

Meine persönliche Lieblingsversion ist mit Zuckerguß überzogen und mit Mandelblättchen bestreut. Eine klebrige Sauerei, aber: lecker.

Bis die Tage!

Rheinischer Sauerbraten

Im Kölner Restaurant „Oma Kleinmann" gibt's eine ganz besondere Spezialität: „Pulled Pääd" heißt ein zerzupftes Fleischgericht. Klingt so ähnlich wie Pulled Pork vom Schwein. Aber Pääd heißt nun mal leider auf Kölsch: Pferd. Es handelt sich um nach Hipster Art zerfallenen zarten Sauerbraten vom Hottehüh, serviert mit Pommes und Salat. Womit wir beim Rheinischen Sauerbraten wären. Den gibt's nicht nur im Rheinland, sondern praktisch überall in Deutschland. Aber der Rheinländer servierte ihn ursprünglich nur vom Pferd.

Weil es häufig alte Klepper waren, musste ihr Fleisch erst durch wochenlanges Einlegen in Essig mürbe gemacht werden. Hinzu kommen Zwiebel, Möhren, Lorbeer, Pfeffer und vielleicht Rotwein. Die Sauce wird später gesüßt, vielleicht mit Apfelkraut, oder mit Aachener Printen. Rosinen können, aber müssen nicht dabei sein. Die Beilagen sind ideologisch festgelegt: Kartoffelklöße und Rotkohl.

Das Fleisch kommt jetzt meistens vom Rind. Ich empfehle das zarte, marmorierte sogenannte Bürgermeister-Stück aus der Hüftgegend.

Bis die Tage!

Kölsch kein Bier?

Wer in die Suchmaschine den Begriff „Kölsch" eingibt, stößt sehr schnell auf die Frage „Ist Kölsch kein Bier?" Dazu gibt es sogar eine eigene Webseite, auf der das Wort „Bier" im Zusammenhang mit Kölsch durchgängig in Anführungszeichen gesetzt wird. Wie damals die DDR in der Springerpresse. Begründet wird die kühne These aber vorsichtshalber nicht. Das versucht ein anderer Internet-Autor, indem er dem Kölsch den Mangel an intensiven Geschmacksnoten vorwirft. Es sei extrem leicht. Ja und? Jeder Jeck und jeder Geschmack ist halt anders.

Und es gibt auch durchaus würzige Kölsch-Sorten. Der Alkoholgehalt passt mit 4,8 Prozent ziemlich genau in die gängige Bierlandschaft. Es stimmt also noch nicht mal das Vorurteil: „Von Kölsch wirste nich besoffen."

Jenseits aller sachlichen Erwägungen trinke ich trotzdem lieber Alt als Kölsch. Und gebe mit Wonne folgende Geschichte wieder, die ich selbst erlebt haben könnte. Ich kriegte nämlich mal Corona-Panik, denn ich trank ein Bier und schmeckte … nichts.

Dann kam die Entwarnung:

Es war Kölsch. Lustig, ne?

Bis die Tage!

Wein aus NRW?

Wein und Nordrhein-Westfalen? Eine schwierige Beziehung. Früher standen auf den Getränkekarten unter Wein zwei Positionen: Mosel und Rhein, vielleicht noch „lieblich" oder „herb". An Rhein und Ruhr gab's traditionell eher Bier. Heute kennen sich viele Menschen in NRW mit Rebensaft aus, und trinkbarer Wein wird bei uns schon länger gekeltert. Das passiert in professioneller Weise in der Nähe von Bonn, im Siebengebirge und an den Steilhanglagen weiter südlich.

Das Weingut Pieper in Königswinter zum Beispiel produziert unter anderem Riesling, Grau- und Weißburgunder und als Rotwein Spätburgunder. Dazu kommen jede Menge Hobbywinzer und ein paar Spezialprojekte: zwei Weinberge der Emschergenossenschaft in Dortmund etwa, und 1500 Rebstöcke im Siegerländischen Hilchenbach. Dort pflegen behinderte Jugendliche den Weinhügel. Auch am stillgelegten Bergbauschacht in Hünxe am Niederrhein wird Mini-Weinbau betrieben. Chateau Siebte Sohle. Oder so ähnlich.

Mit den steigenden Temperaturen beim Klimawandel soll es bei uns noch mehr Weinberge geben. Irgendwann probieren wir mal Winzersekt aus Wattenscheid.

Glückauf und bis die Tage!

Rheinisches Apfelkraut

Apfelernte. Da möchte ich gerne Rheinisches Apfelkraut empfehlen. Das klingt sehr altbacken, vielleicht wissen viele auch gar nicht mehr, was das ist. Aber es existiert noch, man kann es kaufen, es lässt sich auch relativ einfach selber herstellen. Apfelkraut ist beheimatet in der Rhein-Maas-Region, also im Rheinland, in der niederländischen Provinz Limburg und in der belgischen Provinz Lüttich. Die honigartige braune Paste schmeckt süß und fruchtig. Apfelkraut wird auf Brot gestrichen, man kann es auf Pudding und Eis tröpfeln, Saucen werden damit veredelt, zum Beispiel die vom Sauerbraten. Es schmeckt auch gut zu Camembert oder Brie.

Das Rheinische Apfelkraut ist nichts anderes als eingekochter Apfelsaft. Gelierzucker wird nicht benötigt, denn Äpfel enthalten Pektin, und dieser Stoff fördert das Gelieren. Probieren Sie doch mal, es selber herzustellen. Vier Kilo kleingeschnittene Äpfel circa eine halbe Stunde lang mit etwas Wasser, einer Zimtstange und 50 Gramm Zucker weichkochen, den Brei durch ein Küchentuch abtropfen lassen und das Tuch ausdrücken. Den aufgefangenen Saft aufkochen und etwa eine Stunde lang bei mittlerer Hitze eindicken lassen. Fertig ist das Rheinische Apfelkraut.

Bis die Tage!

Schwarz auf weiß

Noch einmal lesen

Von Vorsätzen fürs nächste Jahr halte ich gar nix. Unter anderem, um den Frust zu vermeiden, wenn die guten Vorsätze mal wieder gebrochen werden. Eins habe ich mir jetzt allerdings vorgenommen. Und das hängt damit zusammen, dass ich um Weihnachten herum immer besonders viel lese. Schon länger nämlich habe ich den Eindruck, dass mich die alten Bücher in meinem Bücherregal traurig angucken. Als wollten sie mir sagen: Hast du uns denn gar nicht mehr lieb? Warum hast du nur Augen für die neuen Bücher oder für dein blödes Handy? Lies uns doch einfach nochmal. Jahrzehnte nach unserem Erscheinen. Und genau das werde ich jetzt verschärft tun. Die Blechtrommel von Günter Grass von 1959. Ansichten eines Clowns von Heinrich Böll aus dem Jahr 1963. Einen der Schweden-Krimis vom Ehepaar Maj Sjöwall und Per Walhöö aus den Siebzigern. Oder, von 1985, den großartigen Roman über das Leben und Lieben in Lateinamerika „Die Liebe in den Zeiten der Cholera" des Kolumbianers Gabriel Garcia Marques. Die raffinierten Psycho-Thriller von Patricia Highsmith könnten mich auch reizen. Ich bin mir sehr sicher: Das wird mir zwar nostalgische Gefühle bescheren, aber auch an vielen Stellen wie eine Neu-Entdeckung wirken.

Bis die Tage!

Gegen die Hitze

Gegen die Sommerhitze können auch Bücher helfen. Dafür brauchen Sie aber Vorstellungskraft, Imagination. Ich lese zum Beispiel gerade den Island-Krimi „Frost" von Ragnar Jonasson. Da ist es ständig kalt, windig und regnerisch. Krimis aus dem Norden sind bei 35 Grad im Schatten ohnehin ein absolutes Muss.

„Kühle Brise" von Wolf Dietrich klingt auch vielversprechend. Der Roman spielt im Norden Deutschlands, in der Gegend um Cuxhaven.

Hochwirksam in diesen Zeiten erscheint mir ein Reisebuch mit dem Titel „Endlich Erfrischung". Da werden 44 Touren zu Alpenseen in Österreich beschrieben. Zum Abkühlen. Das könnte schon fast zu schattig werden.

Einen besonders raffinierten Tipp, der auch ohne Vorstellungskraft funktioniert, hat die niedersächsische Pfarrerin Antje Wachtmann. Gehen Sie einfach mal in eine kühle Kirche, die hält mit ihren dicken Mauern die Hitze ab, rät Frau Antje. Eine geniale Kombination aus praktischem Ratschlag und Kirchen-Marketing. Vorausgesetzt, das Gotteshaus ist nicht verschlossen.

Bis die Tage!

but his stiff legs would not support him. The mail on his back, he was too fat besides, and too weak, and too tired.

"Back on your feet, Piggy," someone growled as he passed, but Sam paid him no mind. I'll just lie down here in the snow and close my eyes. It wouldn't be so bad, dying here. He couldn't feel any colder, and after a little while he wouldn't be able to feel the pain in his lower back or the terrible pain in his shoulders and legs, or the fact that he could feel his feet. I won't be the first to die, though. That he knew. Hundreds had died on the Fist, they had died all around him, and more had died after, he'd seen them. Shivering, Sam released his hold on the tree and eased himself down in the snow. It was cold, he knew, but he could scarcely feel it through all his clothes. He stared upward at the pale white sky as snowflakes drifted down upon his stomach and his chest and his eyelids. The snow will cover me like a thick white blanket. It will be warm under the snow, and if they speak of me they'll have to say I forswore myself. I did my duty. I did. I did. I did my duty. No one can say I forswore myself. I'm fat and I'm weak and I'm craven, but I did my duty.

The ravens had been his responsibility. That was why they had brought him along. He hadn't wanted to go, he'd told them so, he told them all what a big coward he was. But Maester Aemon was so old and blind besides, so they had to send Sam to tend to the ravens. The Lord Commander had given him his orders when they made their camp on the Fist. "You're no fighter. We both know that, boy. If it happens that we're attacked, don't go trying to prove otherwise, you'll just get in the way. You're to send a message. And don't come running to ask what the letter should say. Write it out yourself, and send one bird to Castle Black and another to the Shadow Tower." The Old Bear pointed a gloved finger right in Sam's face. "I don't care if you're so scared you foul your breeches, and I don't care if a thousand wildlings are coming over the walls howling for your blood, you get those birds off, or I swear I'll hunt you through all seven hells and make you damn sorry that you didn't." And Mormont's own raven had bobbed its head up and down and croaked, "Sorry, sorry, sorry."

Sam was sorry; sorry he hadn't been braver, or stronger, or good with swords, that he hadn't been a better son to his father and a better

brother to Dickon and the girls. He was sorry to die too, but better men had died on the Fist, good men and true, not squeaking fat boys like him. At least he would not have the Old Bear hunting him through the seven hells. I got the birds off. I did that right at least. He had written the messages ahead of time, short messages and simple, telling it all in his parchment pouch, hoping he would never need them.

When the horns blew, Sam had been sleeping. He thought he was dreaming them at first, but when he opened his eyes snow was falling and the black brothers were all grabbing bows and spears and running toward the ringwall. Chett was the only one nearby, Maester Aemon's old steward with the face full of boils and the big blotch on his neck. Sam had never seen so much fear on a man's face as he saw on Chett's when that third blast came moaning through the trees. "Help me get the birds off," he pleaded, but the other steward had turned and run off, dagger in hand. He has the dogs to care for, Sam remembered. Probably, the Lord Commander had given him his orders as well.

His fingers had been so stiff and clumsy in the gloves, and he was shaking from fear and cold, but he found the parchment pouch and dug out the messages he'd written. The ravens were shrieking furiously, and when he opened the Castle Black cage one of them flew right in his face. Two more escaped before Sam could catch one, and when he did it pecked him through his glove, drawing blood. Yet somehow he held on long enough to attach the little roll of parchment. The warhorn had fallen silent by then, but the Fist rang with shouted commands and the clatter of steel. "Fly!" Sam called as he tossed the raven into the air.

The birds in the Shadow Tower cage were screaming and fluttering so madly that he was afraid to open the door, but he made himself do it anyway. This time he caught the first raven that tried to escape. A moment later, it was clawing its way up through the falling snow, bearing word of the attack.

His duty done, he finished dressing with clumsy, frightened fingers, donning his cap a... hooded cloak and buckling on his

Bücher mit Personenlisten

Ich bin ein Mann und lese Bücher. Damit bin ich eine kleine radikale Minderheit. Und ich habe auch noch bestimmte skurrile Ansprüche an die Bücher, die ich lese. Alles, was über sechshundert Seiten geht, meide ich. Weil ich finde, dass auf so vielen Seiten alles untergebracht werden kann. Außerdem halte ich den 1000-Seiten-Autor für unsolidarisch, klaut er doch dem Leser oder der Leserin praktisch die Zeit für die Lektüre eines anderen Buches von einer anderen Schriftstellerin. Ich warne auch vor Büchern, in denen vorne eine lange Liste der handelnden Personen abgedruckt ist. Gerade habe ich ein Buch des Sizilianers Andrea Camilleri gelesen, eines Autors, den ich nicht nur wegen seines Commissarios Montalbano sehr schätze.

In seinem Roman „Das Netz der großen Fische" wird ein kompliziertes Netz sizilianischer Verbrechen und Intrigen gesponnen. Zentrale Figur ist Michele Caruso, der Chef der Lokalnachrichten eines TV-Senders in Palermo. Um ihn herum tummeln sich insgesamt 30 Roman-Figuren, die zu Beginn auf zwei Seiten aufgelistet werden. Bei der Lektüre habe ich mindestens dreißig Mal nachschauen müssen, wenn ich mal wieder eine Person identifizieren musste. Das ist mir ganz gewaltig auf den Keks gegangen. Das Buch ist deshalb bei mir leider durchgefallen.

Bis die Tage!

Fastenzeit

In meiner gutkatholischen Kindheit hatte ich für die Fastenzeit
eine sogenannte Fastendose. Eine bunte Metalldose, in der
die Süßigkeiten aufbewahrt wurden, die ich zwischen Ascher-
mittwoch und Ostern geschenkt bekam. Schon in der Oster-
nacht wurde diese Schatztruhe erbarmungslos geplündert.
Auch wenn mir das schon mal auf den Magen schlug.
Heute geht es beim Fasten nicht mehr unbedingt um Kalorien.
Die evangelische Kirche gibt die Parole „Sieben Wochen
ohne" aus. Dabei ist Mogeln natürlich streng verboten. Ein
BVB-Fan wirkt unglaubwürdig, wenn er sieben Wochen ohne

Schalke verbringen will. Und: sieben Wochen ohne Fleisch klingt gut, aber nicht aus dem Mund eines Veganers.

Ich selber musste nicht lange nachdenken: Ich bin ein Sklave des Internets und habe mir deshalb vorgenommen, diese Droge nur noch eine Stunde am Tag zu konsumieren. Oh, oh, das fällt mir echt schwer.

Aber das Bücherlesen profitiert von der Maßnahme. Denn Bücher sind die ersten Opfer des Internets. Hoffentlich halte ich durch.

Bis die Tage!

Was mich umtreibt

Der Denunziant

Der ehemalige SPD-Vorsitzende Norbert Walter-Borjans saß neulich im ICE und durfte sich einen ganz besonderen Hinweis auf die Maskenpflicht anhören. Der Zugchef garnierte nämlich seine entsprechende Ansage mit der süffisanten Bemerkung, das alles habe man dem Herrn Lauterbach zu verdanken. Am Schluss kam noch der Spruch: Ach übrigens, meine Ansage dauert deshalb so lange, weil ich hier gendern muss. Der Politiker ärgerte sich und verbreitete sein Erlebnis auf Twitter.

AfDler und Corona-Kritiker gingen sofort zum Gegenangriff über. Der Zugchef sei ein Held der Meinungsfreiheit, hieß es, und der Politiker ein Denunziant, der einen mutigen Bahn-Bediensteten wegen seiner abweichenden Meinung ans Messer liefern wolle.

Der Begriff Denunziant wird schon seit geraumer Zeit aus der rechten Ecke bewusst eingesetzt, um abseitige Parallelen zur Nazi-Zeit und zur DDR-Diktatur zu konstruieren. Fakt ist allerdings: Ein Denunziant hat laut Definition niedrige Beweggründe. Die sehe ich in diesem Fall nicht ansatzweise. Ganz im Gegenteil. Einem Bahnbediensteten, der pflichtwidrig im Dienst politische Schlachten schlagen will, darf gerne ein öffentlich wahrnehmbares Stopp entgegengerufen werden.

Bis die Tage!

Vergessene Konten

Nehmen wir mal an, die alte Tante stirbt, und Sie sind Erbe. Da kommt neben der Trauer auch eine gewisse Freude auf. Aber plötzlich ist der Gedanke da: Das kann doch nicht alles gewesen sein. Gibt es irgendwo noch ein verstecktes Konto, das in Vergessenheit geraten ist.

Was tun?

Die Briten haben da ausnahmsweise mal eine vorbildliche Lösung. Ein zentrales Register „My lost Accont", „Mein verlorenes Konto". Sowas gibt es in Deutschland leider nicht, die Suche bei den unterschiedlichen Bankenverbänden, den Sparkassen, den Volks- und Raiffeisenbanken und den privaten Banken, kann sehr aufwändig sein.

Und es ist kein Randproblem. Die Schätzungen für das Geld, das da einfach rumliegt, reichen von zwei bis neun Milliarden. Allein die Sparkasse Dortmund sprach vor drei Jahren von rund 250.000 vergessenen Konten mit 4,7 Millionen Euro an Einlagen.

Und nochmal muss ich die Briten loben: Die dortigen Banken warten 15 Jahre und spenden das Geld dann für soziale Zwecke. In Deutschland kann es passieren, dass die Kohle jahrzehntelang lagert, bis sie am Ende von den Konto-Gebühren aufgefressen ist.

Bis die Tage!

Was ist Krieg?

Von wem stammt das folgende Zitat? „Wer noch einmal eine Waffe in die Hand nimmt, dem soll die Hand abfallen." Der Satz ist 73 Jahre alt. Der nachmalige Kalte Krieger Franz-Josef Strauß formulierte ihn 1949. Ja, wurde da früher immer eingewendet, er stand halt noch unter dem Schock des Krieges. Ja eben, habe ich da immer gesagt, er kannte das noch aus eigenem Erleben. Wie das ist, wenn Kameraden jämmerlich schreien und dann verrecken.

Für die allermeisten heute lebenden Deutschen ist Krieg etwas Abstraktes. Es fehlen auch die Augenzeugenberichte von älteren Verwandten und Bekannten. Einige glauben vielleicht auch an etwas Heldenhaftes oder irgendwie Großes und vergessen, dass es im Kern um erbärmliches Abschlachten geht. Und eines hat der Kriegsverbrecher Putin schon jetzt geschafft: Urplötzlich will Deutschland gigantische Summen für das Militär ausgeben. Der Wind hat sich gedreht. Wer es jetzt noch wagen sollte, „Frieden schaffen ohne Waffen" zu rufen, gilt als Fall für die Psychiatrie. Die Forderung nach Atomwaffen für die Bundeswehr liegt so gut wie auf dem Tisch.

Bis die Tage!

Hybride Kriegsführung

Das ukrainische Generalkonsulat in Düsseldorf soll angeblich Briefe an deutsche Männer geschickt haben, die für den Eintritt in die sogenannte Internationale Legion der Ukraine warben. 5.000 Euro monatlicher Sold, beim Tod für den ukrainischen Freiheitskampf 100.000 Euro an die Angehörigen. Die Briefe waren natürlich gefälscht. Sie sind Teil der sogenannten hybriden Kriegsführung Russlands. Das bedeutet: Neben kriegerischen Handlungen gibt es unterschiedliche Maßnahmen, die alle ein Ziel haben: Verunsicherung und Chaos stiften, das System der westlichen Länder schwächen.

Das passiert zum Beispiel auch durch Angriffe auf die kritische Infrastruktur, etwa auf Kommunikations- oder Verkehrsnetze. So hat Russland nachweisbar am 24.2., dem Tag des Kriegsbeginns, durch Sabotage eines Weltraum-Satelliten einen großflächigen Internet-Ausfall provoziert. Am 8. Oktober wurden in Deutschland zwei 450 Kilometer voneinander entfernte Kabel durchtrennt, die Folge war ein Stop des Bahnverkehrs im gesamten Norden. Auch der Anschlag auf die Northstream-Pipelines könnte Teil des hybriden russischen Kriegs-Konzepts sein.

Bis die Tage!

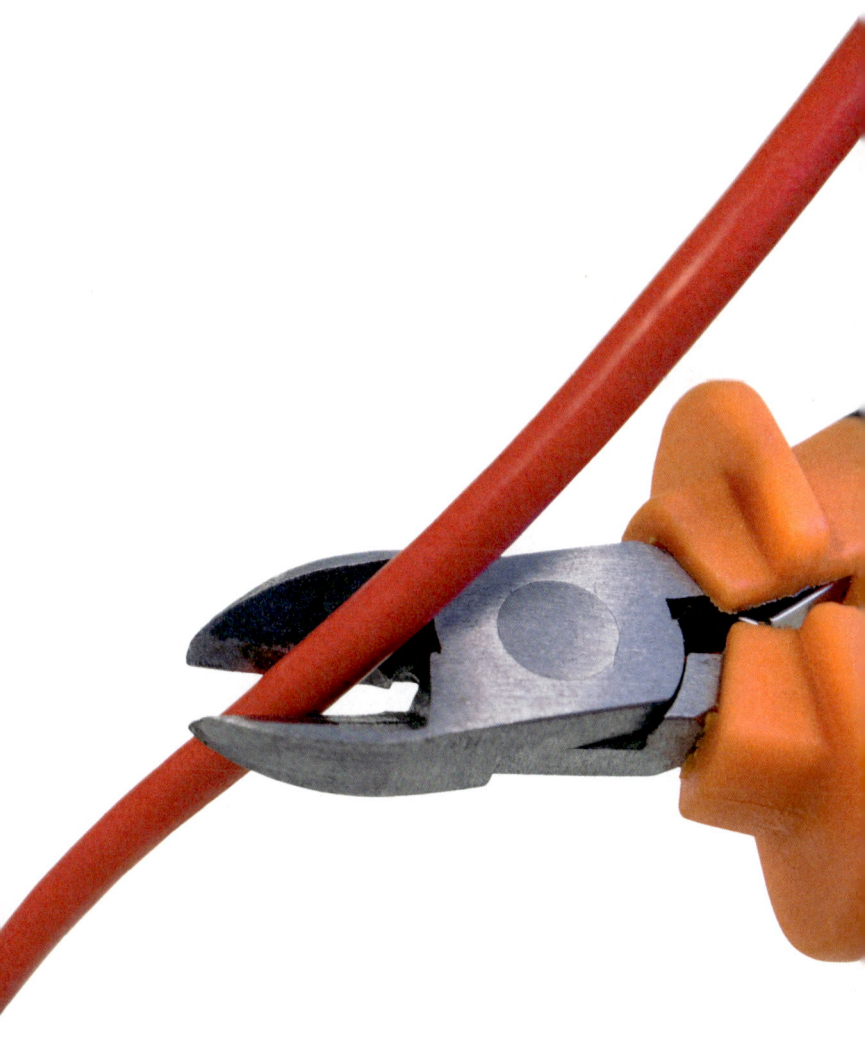

Ukrainische Altenpflegerinnen

Die Hilfsbereitschaft für die ukrainischen Flüchtlinge ist auch in Nordrhein-Westfalen groß. Alle helfen mit: Politik, Verwaltungen, die Kirchen, Hilfsorganisationen und viele Bürgerinnen und Bürger.

Aber: Keine Not kann so groß sein, dass sich nicht doch Menschen finden, die daraus Profit schlagen. Die allermeisten der Flüchtlinge sind Frauen und Kinder, weil die Männer ihre Heimat verteidigen. Und schon werden die ersten Fälle bekannt, in denen Männer ukrainischen Frauen aus sehr durchsichtigen Gründen eine Wohnmöglichkeit anbieten. Bis zum Frauenhandel ist es da nicht mehr allzuweit.

Die EU hat dafür gesorgt, dass die Flüchtenden auch eine Arbeit annehmen dürfen. Zum Beispiel bei den Agenturen, die private Altenpflegerinnen vermitteln. Und dann werden teilweise wirkliche Sklavenlöhne gezahlt, bei denen der Mindestlohn nicht einmal von Ferne zu sehen ist. Die ARD-Sendung Report berichtete von einem Fall, in dem bei der Ukrainerin nur noch ein Netto-Lohn von 5,20 Euro landete.

Da müssen die deutschen Behörden und der Gesetzgeber dringend reagieren. Sonst fällt nämlich ein Schatten auf die große Hilfsbereitschaft.

Bis die Tage!

Sexualbegleitung

Neulich erlebte ich einen Ausbruch moralischer Empörung.
Es ging um Sexualbegleiterinnen und Sexualbegleiter für alte
oder behinderte Menschen.

Eine Bekannte, die gerade erfahren hatte, dass es so etwas
gibt, regte sich maßlos darüber auf. Es wäre doch das Letzte,
sagte sie, wenn Menschen, die weiß Gott genug andere Probleme hätten, jetzt auch noch Geld für Prostituierte ausgeben
würden.

Damit zeichnete sie ein vollkommen falsches Bild von dem,
was da zwischen den Sexualbegleiterinnen und ihren Kunden
passiert. Es handelt sich eben nicht um seelenlosen, schnel-
len und mechanischen Prostitutions-Sex. Nach allen Berichten, die es darüber gibt, finden die Begegnungen in einer sehr
zugewandten und zärtlichen Atmosphäre statt. Oft geht es
noch nicht einmal um Geschlechtsverkehr, sondern um Strei-
cheln und Hautkontakt. Wer alte oder behinderte Menschen
ernst nimmt, sollte ihnen auch ein von ihnen gewünschtes
Stück Sexualität zugestehen. Es gehört zum Menschsein
dazu.

Bezahlen müssen übrigens bislang die Kunden. Es gab dieses Jahr aber schon ein Urteil des Sozialgerichts Hannover,
das die Krankenkasse verpflichtete, einem nach einem Unfall
schwerbehinderten Mann ein Budget für Sexualbegleitung
auszuzahlen.

Bis die Tage!

Pädokriminelle

Es gibt eine Menge von Berufen, bei denen ich froh bin, dass ich den Job nie machen musste. Altenpfleger, Krankenpfleger, auch Notarzt wäre nix für mich gewesen. Feuerwehrmann oder Polizist? Ständig mit Konflikten und Katastrophen zugeschüttet werden? All das muss professionell erledigt werden, ganz klar, und meine tiefe Hochachtung haben all diese Menschen. Und viele müssen auch dringend besser bezahlt werden. Bei der Polizei kommt es ja auch auf das jeweilige Sachgebiet an. Betrüger fangen macht vielleicht sogar Spaß. Aber was ich jetzt nochmal in einer WDR-Dokumentation vor Augen und Ohren geführt bekam, hat mir doch die Sprache verschlagen.

Es ging um die Ermittler im Pädokriminellen-Ring mit dem Ausgangsort Bergisch Gladbach. Da sitzen die Beamtinnen und Beamten und gucken sich den ganzen Tag Videos mit den schlimmsten Missbräuchen von Kindern an. Das jüngste Opfer war ein dreimonatiger Säugling. Bei den Ermittlern: Tränen, Zusammenbrüche, Schlafstörungen, Zwangspausen. Das alles berührt die Grenze zu unmenschlichen Arbeitsbedingungen.

Ich bin zutiefst dankbar, dass sich Kripo-Leute finden, die diesen sehr notwendigen Job erledigen. Und immerhin haben sie 439 Tatverdächtige ermittelt und 65 Kinder aus den Fängen ihrer Peiniger befreit.

Bis die Tage!

Keine Schalte
mit den Lügenmedien

Die folgende Geschichte ist mir glaubhaft berichtet worden:
Es geschah in einer Stadt in den neuen Bundesländern. Dort
wollte ein ARD-Team vom Marktplatz eine Live-Schalte in ein
aktuelles Programm machen. Alles war mit dem Marktmeister
abgesprochen, das Stromkabel eingesteckt, es sollte bald
losgehen. Da kam der Marktchef und sagte: „Ihr könnt doch
nicht von hier senden." Der Grund: Der Mann vom Wurststand
nebenan hatte angekündigt, sein Geschäft zu schließen, wenn
es eine Übertragung von den Lügenmedien gebe.

Die ARD-Leute wollten keinen größeren Ärger riskieren und
zogen zwei Straßen weiter, von wo aus sie dann sendeten.
Vielleicht ein Fehler von den Kollegen, etwas zuviel an Nach-
giebigkeit. Das ist aber nicht der Punkt. Das Thema ist, was
heute durch politisch aufgehetzte Menschen alles möglich ist
in unserem Land.

Da werden ARD und ZDF in abstruser Verblendung mit dem
DDR-Fernsehen gleichgesetzt. Einige haben wohl vergessen,
was für ein brutaler und diktatorischer Spitzelstaat die DDR
gewesen ist. Inklusive absoluter Parteikontrolle der Medien.
Gott sei Dank kommen die gezielten Angriffe auf unsere Demokratie nur von einer Minderheit. Erschreckend sind sie
trotzdem.

Bis die Tage!

Der Wutwinter

Bei der AfD und den anderen Rechtsextremen ist lauter Jubel ausgebrochen, auch die Corona-Schwurbler sind erleichtert: Denn es gibt ein neues Projekt: den Wutwinter.

Wenn es vielen Bürgern wegen der Energiepreise und der Inflation an die Existenz geht, so das Kalkül, werden sie in Massen auf die Straße ziehen. Und vielleicht sogar unser ganzes politisches System in Frage stellen. Denn ganz klar: Die Verarmung des Volkes ist ein gezielter Plan der Regierung und der dahinter steckenden dubiosen atlantischen Strippenzieher.

Dieses abstruse Szenario machen sich natürlich nur ganz wenige total Verpeilte zu eigen. Aber lautstarke Proteste, Unzufriedenheit und Verzweiflung könnte es geben. Da ist es ziemlich dumm, als Regierungsmitglied schon vorab einen Begriff wie „Volksaufstände" in die politische Debatte zu werfen. Das hätte sich unsere sprachsensible Außenministerin wirklich verkneifen sollen. Ansonsten ist die Regierung aber auf dem richtigen Weg: Neben dem Energiesparen gilt es, soziale Notlagen so weit wie möglich abzufedern. Die Schuldenbremse darf da kein Hindernis sein. Hoffentlich finden die drei Ampelparteien ein schlüssiges und hilfreiches Konzept. Bundeskanzler Scholz zitierte den Song „You'll never walk alone".

Ich finde das etwas zu pathetisch, aber inhaltlich absolut okay. Die AfD kann sich ja dann mit weiteren Flügelkämpfen ihren eigenen Wutwinter basteln.

Bis die Tage!

Feierlich-
keiten

Karfreitag

Seit kurzer Zeit haben die Discotheken und Clubs in NRW wieder geöffnet. Wie schön. Und nun naht der Karfreitag. Da gibt es ein Tanzverbot, schon ab Gründonnerstag 18 Uhr. Weil an einem stillen christlichen Feiertag nicht herumgezappelt werden soll. Stille eben.

Darüber wird schon seit zig Jahren so diskutiert, als würde die freie Entfaltung der Persönlichkeit an diesem Tag hinterrücks und endgültig erdolcht. Für mich war es schon immer unbegreiflich, wie dieser nichtige Anlass zu einer Art Kulturkampf aufgepumpt werden konnte.

Ganz klar: Wir sind keine überwiegend christlich geprägte Gesellschaft mehr. Und es würde bei einer Aufhebung des Verbots auch keiner gezwungen mitzutanzen oder am Karfreitag mit in den Club zu gehen. Aber eine Frage hätte ich dann doch noch an die Tanz-Aktivisten: Den Feiertag wollt ihr alle gern mitnehmen? Und den Inhalt desselben wegtanzen?

Dann lieber eine saubere Lösung: Kein Feiertag mehr, und jeder macht, was er will. Aber da geht natürlich kein Politiker ran. Und deshalb bleibt der Karfreitag ein stiller Feiertag, an dem nicht getanzt werden darf.

Bis die Tage!

Österliche Geschenk-Orgie

Wenn Kinder sich was vom Osterhasen wünschen, dann können sie einen Brief an Hanni Hase schreiben. Die eigens von der Post eingerichtete Adresse lautet seit 1982:
Am Waldrand 12 in Ostereistedt.
Früher ging es bei den Osterwünschen um sowas wie leckere Schoko-Eier. Und jetzt? Ein Fahrrad, ein Handy, neue Sneaker. Ostern ist zu einem Mini-Weihnachten geworden. Im Zweifelsfall hilft der Hinweis auf die Nachbarskinder, und was die alles kriegen. Glauben Sie mir, ich bin der letzte, der in Sack und Asche gehen möchte und auf schöne Dinge verzichtet. Aber dass das ganze Leben mittlerweile als eine einzige Konsum-Orgie daherkommt, finde ich ganz furchtbar.

Muttertag, Valentinstag, Konfirmation, Kommunion, Black Friday, Halloween, Weihnachten sowieso: Irgendwo muss doch mal ein Stoppzeichen gesetzt werden. Überhaupt nicht, um die Freuden des Verzichts einzuüben, sondern um den allgegenwärtigen Kaufrausch einzugrenzen.

Aber sollen die Kinder zu Außenseitern werden, fragen bange Eltern. Andererseits: Wollen wir wirklich, dass niemand sich mehr über Kleinigkeiten freuen kann?

Zu Ostern müssten mir die Beschenkten übrigens als Türöffner für Geschenke sagen können, warum Ostern gefeiert wird.

Bis die Tage!

Weihnachtsmarkt im August

Wir leben in bewegten Zeiten, vieles geht drunter und drüber. Und wenn schon im November und Dezember eine fragwürdige Fußball-WM in Katar stattfindet, warum soll es dann nicht im August einen Weihnachtsmarkt geben?

Es gibt ihn und zwar in dem kleinen Weiler Rennerde im Sauerland, südöstlich von Hagen. Dort, am Café Kunterbunt, hatte das Betreiber-Ehepaar wieder die Lichterketten und Christbaumkugeln rausgehängt. Jetzt schon zum siebten Mal. 14 Aussteller präsentierten das ganze Deko-Weihnachtsprogramm, Jingle Bells und Oh, du Fröhliche schallten durch's Dorf, der Wirt warf wie immer seine Schneekanone an. Und die zahlreichen Besucher schlürften mit kurzer Hose und roten Zipfelmützen Glühwein. Über allem schwebte das Motto: „Weihnachten ist keine Jahreszeit. Weihnachten ist ein Gefühl."

Na dann mal Frohes Fest! Hoffentlich müssen sich die Veranstalter der wahren und wirklichen Weihnachtsmärkte nicht wieder ärgern, dass sie nicht schon im August an den Start gegangen sind.

Bis die Tage!

Adventskalender

Die Adventskalender meiner Kindheit zeigten auf DIN-A4-Format ein kitschiges weihnachtliches Bild, oft garniert mit silbriger Glitzer-Dekoration. Auf dem großen Motiv verstreut gab es 24 Türchen. Dahinter verbargen sich kleine Abbildungen: von Engeln, possierlichen Tieren oder von Spielzeug. Hinter dem extra großen Türchen Nummer 24 war meistens die Heilige Familie im Stall zu sehen.

Seitdem wir erkannt haben, dass der Sinn unserer Existenz im Konsumieren liegt, hat sich das alles revolutionär geändert. Adventskalender sind jetzt bestückt mit Mini-Fläschchen Wein oder Bier, mit belgischen Trüffeln und Schönheits-Produkten. Ein Kalender, der an die große deutsche Tradition des kreativen Schenkens anknüpft, verbirgt 24 Paare bunter Herrensocken. Ein 24-teiliger Bausatz für ein Taschenmesser hat mich ebenso beeindruckt wie Adventskalender für Hunde, Katzen, Pferde oder Meerschweinchen.

Mein persönlicher Favorit ist allerdings der Sylter Gourmet-Adventskalender, unter anderem mit Champagner und Kaviar. Das Teil kostet schlappe 1999 Euro.

Frohes Fest und bis die Tage!

Printen

Ja, hier können Sie was lernen. Zum Beispiel die Antwort auf eine Frage, an der 99 Prozent scheitern. Was ist der Unterschied zwischen Lebkuchen und Printen? Wer es weiß, kann damit prima beim vorweihnachtlichen Kaffeetrinken klugscheißern. Aber vorab: Es gibt kaum Unterschiede.

Also: Die Printe ist eine Unterart des Lebkuchens. Die Printen-Hochburg ist seit 1820 Aachen, die eigentliche Wiege steht aber in Belgien. Original Aachener Printen sind geschützte Produkte, die nur in der Kaiserstadt und einigen benachbarten Gemeinden hergestellt werden dürfen.

Der Name des Gebäcks entstand, weil der Teig häufig in kunstvolle Formen gedrückt wird. Printen also gleich drücken. Ebenso gängig ist aber die längliche rechteckige Form ohne künstlerische Anwandlungen. Der Printenteig enthält kein Fett, er besteht meistens aus Mehl, Zucker oder Zuckerrübensirup (also kein Honig!) und Gewürzen wie Zimt, Anis, Nelken und Kardamom. Die Ur-Printe wird von Zahnärzten empfohlen, denn sie ist knallhart und wird für mich erst durch Stippen in Kaffee oder Kakao genießbar. Die Aachener sind Hartprinten-Ideologen. Durch Honig oder auch durch längeren, Feuchtigkeit spendenden Aufenthalt im Kühlschrank wird die Printe weicher.

Mit Schokolade überzogen, mit Nüssen oder Mandeln bestreut – ein Hochgenuss. Und Namen sind sowieso Schall und Rauch.

Bis die Tage!

Ohne Moos nix los

Jeder hat seine Weihnachtserinnerungen aus der Kindheit. Das hat oft was Magisches, auf jeden Fall spielen warme Gefühle der familiären Verbundenheit eine Rolle. Bei mir war frisch abgestochenes Moos aus dem Wald eine nicht unwichtige Zutat.

Mein Vater hatte eine schlichte Holz-Krippe geschreinert, die dazugehörigen Figuren, einschließlich des Kindes in der Krippe, waren gekauft. Als ich älter wurde, empfand ich die als hochkitschig. In der Kindheit waren die Krippe und der leuchtende Weihnachtsbaum mit Kugeln und Lametta aber die zentralen und wunderbaren Bestandteile der Feierlichkeiten. Ohne irgendwelche Mäkeleien.

Am Tag vor Heiligabend fuhr Papa mit dem Fahrrad in den Wald und besorgte grüne Moosplatten, mit denen der Boden der Krippe ausgelegt wurde. Das war ganz groß und bei uns unerlässlich für einen perfekten Heiligabend. Der mit „Stille Nacht, Heilige Nacht", mit der Bescherung und tatsächlich mit Kartoffelsalat und Wiener Würstchen gekrönt wurde. Der Salat ohne Zwiebeln, weil der kleine und auch der große Manni die schon immer gehasst haben.

Der Zauber, der damals über dem Heiligabend lag, er wird so nie wieder kommen.

Ein frohes Fest und bis die Tage!

DECEMBER

JANUARY

Zwischen den Jahren

Und schon ist Weihnachten fast wieder Geschichte. Ich hoffe, es war harmonisch bei Ihnen. Und nahrhaft natürlich. Vielleicht war ja auch ein stimmungsvoller Gottesdienst unter den Angeboten. Jedenfalls etwas, das über den Anlass des Festes nachdenken ließ.

Nach Weihnachten bewegen wir uns zwischen den Jahren. Zwischen welchen Jahren? Das ist doch absolut unlogisch. Jetzt haben wir Dezember 22 und am 1. Januar beginnt 2023. Ist da noch Platz für irgendwas dazwischen?

Die Erklärung, warum es „zwischen den Jahren" heißt, ist sehr vielfältig. Wegen der vielen Kulturen und Jahres-Zählweisen, die da mitmischen. Ursprung ist jedenfalls der Unterschied der Jahreseinteilung zwischen Mondkalender und Sonnenkalender. Im europäischen Mittelalter begann das neue Jahr auch schon mal ganz gerne am 6. Januar.

Am witzigsten finde ich die ägytische Methode. Die Ägypter akzptierten zwar die 365 Tage für ein Jahr. Weil sie aber besser mit zwölf mal dreißig Tagen rechnen konnten, schnitten sie einfach fünf Tage ab und hängten sie hinten dran. Wer den ganzen historischen Erklärungs-Wust sortiert kriegt, bekommt die goldene Silvester-Rakete.

O Gott, das ist ja politisch nicht mehr korrekt!

Bis die Tage!

Ben

Ben - ein paar Worte vorweg

Ben ist ein Down-Jugendlicher. Keiner, der im Fernsehen als Schauspieler auftritt, sondern ein durchschnittlicher. Manches kann er, vieles kann er nicht. Und manchmal wird es peinlich. An der Supermarktkasse zum Beispiel, als er seinen Vater Karl mit einer lauten Feststellung überraschte – Ben stottert ein wenig: „P-p-apa, du hast einen P-p-enis." Da schossen dem armen Karl sofort sämtliche Missbrauchs-Szenarien dieser Welt durch den Kopf. Aber die Leute lachten natürlich. Dann kam Bens Konfirmation. Der Pfarrer war Gast bei der anschließenden Feier. Als alle ihre Gläser in der Hand hatten, rief Ben plötzlich: „Herr Pf-f-f-arrer!" Alles wurde augenblicklich ruhig. Der Down-Konfirmand will was sagen!

„Herr Pf-f-f-arrer", sagte Ben, „Du hast einen P-P-P." Nein! schrie es im Kopf des Vaters. Bitte, bitte, nicht! Sag's jetzt nicht! „Du hast einen P-P-P."

Karl bereute augenblicklich all seine Sünden.

„Du hast d-d-a einen P-P-ickel." Großes Gelächter der Festgemeinde. Und Riesen-Erleichterung beim Vater.

Fazit: Das Leben mit einem Down-Kind ist manchmal nicht einfach, aber selten langweilig.

Bis die Tage!

Hauptsache gesund

Wenn werdende Eltern gefragt werden, „Na, was soll's denn werden, Junge oder Mädchen?", kommt meistens die Antwort: „Vollkommen egal, Hauptsache gesund. Und keine Behinderung."

Wenn Karl und Ute, die Eltern des Down-Syndrom-Kindes Ben, das hören, fühlt es sich immer noch an wie ein Stich ins Herz. Sie selbst haben diese eigentlich harmlose Antwort auch oft gegeben, und dann war Ben da. Und er war behindert. Ein schwerer Schlag, Schmerz und Verzweiflung, bei Ute führte das in der Anfangsphase sogar zur Ablehnung ihres eigenen Kindes und zum Gedanken, Ben zur Adoption freizugeben.

Was passierte da? In letzter Konsequenz ist es die Unterscheidung in wertvolle und weniger wertvolle Menschen. Wer schwach und problembehaftet ist, wer keine Chance hat, Diplom-Ingenieur oder Chirurg zu werden, der zählt eben weniger. Ganz klar, es kann sehr schwierig und stressig sein, einen Menschen wie Ben durch's Leben zu begleiten.

Wir sollten allerdings die offenen oder versteckten Werturteile weglassen. Dann hätten die Eltern eine größere Chance, die Ankunft dieses Menschen mit Behinderung nicht als Katastrophe zu begreifen.

Übrigens: Sechzehn Jahre später ist Ben schon lange ganz oben in Mamas Hitparade.

Bis die Tage!

Was Ben alles kann

Ben ist jetzt sechzehn Jahre alt. Vieles, was Jugendliche ohne Behinderung können, kann er nicht. Allein einkaufen funktioniert nicht, mit Geld umgehen kann er auch nicht.

Aber mit dem Bus zur Schule fahren, das funktioniert. Sein Vater hat das mit ihm trainiert, darum weiß er, an welcher Haltestelle er aussteigen muss. Sollte Ben mal zwischendurch raus müssen, etwa weil der Bus kaputt ist, wäre er hilflos.

Lesen und Schreiben kann Ben auch ganz wenig, so stellt er dann beispielsweise im Videotext fest, dass morgen Die Sendung mit der Maus läuft. Allein die richtige Videotext-Seite einstellen klappt aber nicht.

Ben hat auch eine Uhr, auf die er sehr stolz ist. Die Zeit ablesen? Na ja, nicht so richtig. Wenn du ihn fragst, wieviel Uhr es ist, sagt er einfach mal so: halb zehn. Fragt der Vater ihn eine Stunde später nochmal, sagt Ben: „Papa, frag doch nicht immer, ich hab dir eben doch schon die Zeit gesagt." Die Welt der Downies ist eben eine besondere.

Bis die Tage!

Ben und die Sexualität

Bei einem 17-jährigen Down-Jugendlichen liegt die Frage nahe, wie es denn um die Sexualität steht. Nicht-Behinderte können da schon sehr aktiv sein, wie wir wissen. Bei unserem Freund Ben ist dieses Feld, nun ja, noch sehr unbeackert.

Ob er dabei ist, seinen Körper zu entdecken, wissen die Eltern nicht so genau. Auf die Frage, wen er denn heiraten möchte, käme er wahrscheinlich sehr schnell auf seine Mama. Die Loslösung von Mutter und Vater, sie findet nicht statt. Und das Interesse am anderen Geschlecht ist unterentwickelt.

Es hat sich aber was verändert. Wenn früher im Fernsehen geküsst oder gekuschelt wurde, drehte sich Ben angewidert weg und rief: Iiiih! Jetzt guckt er zu, verschämt zwar, aber durchaus interessiert. Na, das gefällt dir aber, sagt der Papa dann manchmal. Dann kommt immer die gleiche Reaktion: Papaa!

Das sagt Ben auch, wenn der Vater ihn auf Katharina anspricht, den anderen Down-Menschen in seiner Klasse. Da ist also noch sehr viel ungewecktes Potenzial. Manchmal sind Bens Eltern gar nicht so besonders traurig darüber.

Bis die Tage!

Bens Essverhalten

Ben ist stark gebaut und trägt einen
Bauch vor sich her. Ein Zusammenhang mit seinem Essverhalten ist
nicht auszuschließen.

Ben liebt Fleisch, wenn es geht,
in größeren Mengen; Pommes
lehnt er nie ab. Bei Gemüse
ist er sehr wählerisch,
die meisten Sorten ver-
schmäht er. Wenn er ge-
nötigt wird, es doch mal
zu probieren, kriegt er schon
mal das Würgen. Noch nicht mal so
sehr wegen des Geschmacks, sondern weil
da was glitschig oder zu knackig ist.

Ben hat Schwierigkeiten, sich Essbares einzuteilen. Kriegt er
eine Tafel Schokolade, ist die eine halbe Stunde später schon
locker im Verdauungsprozess. Die Aussicht, unerträglich dick
zu werden, schockt ihn nicht im Geringsten. Er lebt halt unbe-
einträchtigt von irgendwelchen Schönheitsidealen.

Die Eltern haben beschlossen, das Thema „Gesundes Essen"
nicht in den Vordergrund zu stellen. Sie wollen auf Bens kleine
und große Probleme nicht noch was obendraufpacken. Immerhin hat er beim Essen meistens Spaß, und das ist doch auf
jeden Fall eine positive Erfahrung.

Bis die Tage!

Ben hatte Corona

Jetzt hat es auch Ben erwischt: Ben hat Corona. Für einen jungen Mann mit Down Syndrom kommt das schon sehr spät. Denn bei diesen Menschen ist das Immunsystem meist schwächer als bei anderen. Bens Symptome sind Gott sei Dank nicht so schlimm: Schnupfen, etwas Fieber, wie bei einer normalen Erkältung halt.

Ben soll jetzt auf seinem Zimmer bleiben. Das trägt er sehr tapfer, hört den ganzen Tag seinen Lieblingssender 1Live und bekommt ständig Leckereien reingereicht. Mal ein halbes Hähnchen mit Pommes, mal einen Döner, Süßigkeiten. Das kann er trotz Corona und Quarantäne richtig genießen.

Am Anfang hat er ein paar Mal gesagt: „Ich will aber noch nicht zu Whisky." Nein, das ist kein tragischer Fall von Jugend-Alkoholismus. Whisky ist die Katze, die vor ein paar Monaten gestorben ist. Und die sich jetzt im Himmel befindet, bei Oma und Opa, Onkel Peter und den anderen.

Ben sieht das mit dem Sterben nicht panisch, eher sachlich. Er will eben noch eine Weile auf der Erde bleiben. Obwohl der Wechsel in den Himmel keine Voll-Katastrophe wäre. Aber: Das Thema hat sich jetzt erledigt. Nach zehn langen Tagen auf seinem Zimmer werden die Tests wieder negativ. Corona ist vorbei.

Bis die Tage!

Bens Ernst des Lebens

„Werd doch endlich mal erwachsen!"

Das sagen Eltern manchmal zu ihren halbwüchsigen Kindern. Bei einem Jugendlichen mit Down-Syndrom wie Ben ergibt der Satz wenig Sinn.

Denn: Erwachsenwerden bedeutet ja nicht, bestimmte praktische Dinge zu können; es geht um eine innere Unabhängigkeit und Selbstständigkeit, die Ben wahrscheinlich nie ganz erreichen wird. Deshalb macht sich jetzt bei Bens Eltern auch eine gewisse Unsicherheit breit. Denn im Sommer endet die normale Schule, das war's dann mit der Wohlfühloase. Es beginnt eine Phase der Berufsvorbereitung in einer anderen Einrichtung. Neue Gesichter, neue Strukturen, auch für Ben ein Hauch vom sogenannten Ernst des Lebens. Kriegt er seine Hilflosigkeit und seine Ängste in den Griff? Kann er sich wehren, wenn es Konflikte gibt? Oder zieht er sich zurück? Hoffentlich wird alles gut, ich werde berichten.

Bis die Tage!

Bens Aggressionen

Ben wird bald achtzehn. Früher sprachen wir dann von einem Halbstarken, aufmüpfig und widerborstig. Das ist Ben überhaupt nicht. Es gibt keine Totalverweigerung, geschweige denn Übergriffigkeiten. Ben ist sehr friedlich und, wie viele Menschen mit Down-Syndrom, eher ängstlich und scheu. Aber so ganz ohne Aggressionen ist Ben natürlich auch nicht. Er lebt sie nur anders aus. So kommt es vor, dass er bei Tisch plötzlich laut „Nein!" brüllt, weil er sein Essen nicht mag. Und geradezu rührend verhält er sich manchmal, wenn sein Vater nach sechs Stunden Kinderkanal den Fernseher ausschaltet. Kurze Zeit später sind aus Bens Zimmer laute Schreie zu hören.

Der an der Tür lauschende Vater kriegt mit, wie Ben mit seinen Yakari-Indianerfiguren den Fernseh-Streit zwischen Papa und Sohn nachstellt. Inklusive handfester Drohungen: „Ich hau dir was auf die Rübe!" „Ich töte dich!" Irgendwo muss er ja hin mit seinem Frust.

Bis die Tage!

Ben ist volljährig

Ben ist achtzehn geworden. Volljährig. Für einen Menschen mit Down-Syndrom hat die Volljährigkeit eine besondere Bedeutung. Es wird zum Beispiel weiter Kindergeld gezahlt. Und aus seinen Eltern werden Betreuer, die weitgehend über ihn bestimmen dürfen. Weil er zum Beispiel nicht in der Lage ist, die Tragweite eines Kaufvertrages über einen teuren Großbild-Fernseher einzuschätzen.

Bens Eltern sind außerdem so klug gewesen, ein sogenanntes Behinderten-Testament aufzusetzen. Ben bekommt dadurch nur etwas mehr als den Pflichtteil.

Damit werden die Ansprüche des Landschaftsverbands als Träger der umfangreichen Sozialleistungen deutlich beschränkt. Seit 2019 dürfen behinderte Menschen mit achtzehn auch zur Wahl gehen. Das waren bei der Bundestagswahl 85.000. Ich habe damit kein Problem. Ich muss mir nur vorstellen, auf welche abenteuerliche Weise bei vielen der sogenannten normalen Wähler die Wahlentscheidung zustandekommt.

Bens einziges Geschenk zum 18. Geburtstag war übrigens eine Kassette aus der Serie Mia and me. Da geht es um ein Mädchen, das regelmäßig in eine Zauberwelt reist.

Er hat sich darüber den ganzen Tag gefreut. Auch das unterscheidet ihn von vielen Nicht-Behinderten.

Bis die Tage!

CDU

SPD

GRÜNE

FDP

DIE LINKE

Bens Stottern

Ben stottert, seit er sprechen gelernt hat. Schon fünf Jahre lang versucht eine Logopädin, die Sprech-Schwäche wegzukriegen. Fortschritt ist da allerdings nicht zu erkennen.

Ben macht zum Beispiel Zungen-Übungen, die helfen sollen. Wenn er vor dem Fernseher mal wieder die Zunge raushängen lässt, korrigiert er das nach der Aufforderung „Zunge an den Platz". Aber oft nur für gefühlte drei Sekunden.

In der Gesamtbevölkerung stottert ein Prozent der Menschen, bei den Downies ist es ungefähr die Hälfte. Die Gründe dafür sind nicht klar: genannt werden unter anderem Defizite im Gehirn, eine verlangsamte Sprachentwicklung oder eine Reaktion auf Reizüberflutung. Sehr wichtig ist der Umgang der Eltern und Geschwister mit dem Stottern.

In Bens Familie läuft das vorbildlich: Es gibt keinerlei Kritik oder Druck, Stottern ist lästig, aber es ist eben da, lautet die Parole. Und auch in der Schule wurde er nicht deshalb gehänselt. Es kann sein, dass das Stottern Bens Leben dauerhaft begleitet.

Bis die Tage!

Bens Ferienfreizeit

Ben hat jetzt auch Sommerferien. Dieses Jahr fahren seine Eltern nicht mit ihm weg, er besucht jeden Tag die Ferien-Freizeit in seiner neuen Förderschule. Wenn im August dort die sogenannte Berufspraxisstufe beginnt, wird Ben auf die Alltagspraxis eines Erwachsenen mit Behinderung vorbereitet. Die wird sich vielleicht in einer Wohngemeinschaft abspielen, auf jeden Fall aber in einem Arbeitsverhältnis, beispielsweise in einer Behinderten-Werkstatt.

Jetzt aber sind Ferien, das heißt für Ben und zehn, zwölf andere auf jeden Fall: Fußball spielen ohne Ende, bei schlechtem Wetter Tischfußball in der Schule. Sie alle tun das mit Spaß und Leidenschaft, Deutschland ist eben ein Fußballland, für alle Menschen.

Aber auch die Tiere, Hühner und ein Esel, müssen versorgt werden. Eine Einkaufsliste wird gemacht, und dann kaufen die Behinderten selbstständig ein. Als erstes erzählt Ben aber immer vom Essen. Dass die Spaghetti Bolognese lecker waren, und dass er einen Nachschlag genommen hat. Wie es jetzt mit Marcel läuft, mit dem Ben gestern Streit hatte? „Der hat auch einen Nachschlag genommen." Gemeinsames Essen schafft eben Frieden.

Bis die Tage!

Ben in der Geisterbahn

Ben war mit seinen Eltern und seiner Schwester auf der Kirmes. Zum Schluss ging die ganze Familie in die Geisterbahn. Für Ben war das keine besonders gute Idee.

Ein dunkles Universum voller Monster, wilder Lichteffekte, Schreie und gruseliger Geräusche. Für einen geistig Behinderten muss das keine überwiegend lustige Scheinwelt sein, eher eine echte Bedrohung.

Er empfindet ja auch all die Figuren im Fernsehen und im Internet als real. Und so geschah es, dass Ben während der gesamten Fahrt furchtbare Angst hatte und fast am Stück schrie. Als der Wagen ein paar Meter durch's Freie fuhr, konnte er nur mit Mühe davon abgehalten werden, auszusteigen und aus der Geisterbahn zu flüchten.

Erst eine ganze Weile später, nach Pizza und Currywurst, hatte sich Ben wieder beruhigt. Und seine Familie ärgerte sich, dass sie das Desaster nicht vorhergesehen hatte. Beim nächsten Mal werden sie mit Ben die Wildwasserbahn ausprobieren. Da spritzt zwar das Wasser. Aber gruseln tut's nicht.

Bis die Tage!

Ben ist ein Schelm

Ben hat es manchmal faustdick hinter den Ohren. Allerdings auf eine liebenswürdige Art durchschaubar. So brachte er neulich seinem Vater sehr fürsorglich das im Flur stehende Paar Schuhe und sagte: „Du willst doch jetzt bestimmt mit dem Hund spazierengehen, oder?" Nein, wollte der Vater nicht. Er saß vor dem Fernseher und wollte Fußball gucken. Ben hätte sich aber lieber Yakari angeguckt, die Comic-Serie über einen Indianerjungen. Deshalb der Trick mit den Schuhen.

Oder die Sache mit dem Sprung vom Einerbrett beim Schwimmen. Ben hat schwimmen gelernt, ein Angebot der Stadt und der Lebenshilfe. Und dann stand er letzte Woche auf dem Sprungbrett und sein Vater forderte ihn auf runterzuspringen. Wie schon ein paar Mal in den Wochen vorher.

„Nee, heute nicht", sagte Ben. „Das Wasser ist zu kalt." Das gleiche Wasser, in dem er vorher schon zwanzig Minuten rumgeschwommen war. Natürlich hat ihn sein Vater nicht gezwungen zu springen. Bald wird Ben sicher wieder genug Mut angesammelt haben, um sich ins gut temperierte Nass zu stürzen.

Bis die Tage!

Bens starker Wille

Ben hat einen sehr starken Willen. Man könnte auch sagen, wenn er was will oder nicht will, ist er bockig wie ein Esel. Das gilt auch für den Umgang mit den Lehrern an der berufsvorbereitenden Förderschule, die er jetzt besucht. Dort ist Ben schon als der Herr „Nö" bekannt. Sagt ihm ein Lehrer „Zieh mal deine Sportschuhe an, wenn du mit Fußball spielen willst", sagt er „Nö". Und behält seine Lieblings-Sandalen an. Das Fußballspielen fällt dann eben aus, das stört ihn nicht so.

Da der Wille von geistig Behinderten nicht mehr wie früher brachial gebrochen wird, beschrieb der Schulrektor in einem Brief an die Eltern das Problem und gab ihn Ben mit. Weil Bens Mutter aus anderem Grund mit dem Rektor gesprochen hatte, wusste sie davon.

Am Freitag kam der Brief mit der Schultasche zu Hause an. Ben dachte aber nicht daran, ihn den Eltern zu überreichen. Am Sonntag fragte der Vater danach. „Papa!" sagte Ben vorwurfsvoll. „Es ist Sonntag." Übersetzt: Am Sonntag bitte kein Schulkram und keinen Ärger. Am Montag sagte Ben dann: „Papa, es ist Montag." Darauf nahm der Papa den Brief aus der Schultasche. Die Bockigkeit wartet aber immer noch auf Linderung.

Bis die Tage!

Ben hat keine Freunde

Letzte Woche ist Ben beim Martinszug mitgegangen. Ein Foto zeigt ihn mit der Martins-Laterne. Da wird den Eltern wieder bewusst: Ben ist nicht acht, er ist achtzehn. Aber er hatte Spaß und freute sich auf Lina, eine Mitschülerin, mit der Ben sich verabredet hatte. Eine echte Freundschaft ist das aber nicht, eher eine flüchtige Begegnung. Wirkliche Freunde, mit denen er sich regelmäßig trifft, hat Ben nicht. Das fordert er aber auch nicht ein, er ist mit seinem Leben so zufrieden, wie es ist. Als kleiner Junge spielte er ständig mit der nicht-behinderten Jessica. Die ging aber irgendwann auf Distanz, als ihr klar wurde, was Ben alles nicht kann, oder wo mit ihm nichts anzufangen ist. Viele Eltern von Down-Kindern haben auch einfach keine Lust, nachmittags oder am Wochenende andere Behinderte nach Hause einzuladen.

Mit all den Problemen und mit dem zusätzlichen Betreuungsaufwand. Schon ein Down-Kind ist ja durchaus ein Fulltime-Job. Bei Ben gab es eine Phase, da telefonierte er häufig mit Niklas. Die Eltern hörten ihn reden, und eines Tages stellten sie fest: Ben telefonierte ohne Telefon, es waren Selbstgespräche.

Bis die Tage!

Ben in der Schalker Arena

Ben ist, wenn überhaupt, Fortuna Düsseldorf-Fan. Aber sein Vater weiß, wie man Schalker ärgert oder er hofft es zu wissen. Ich hatte mal organisiert, das Ben bei einer Führung in der Schalke-Arena dabei sein durfte. Damit er mal ein schönes Stadion sieht.

Alles lief prima, abgesehen davon, dass der Führer seinen normalen Text so runterratterte, ohne auf die besonderen Bedürfnisse der Behinderten einzugehen. Aber vielleicht ist das zu viel verlangt. Zum Schluss gingen wir in den Presseraum und Ben durfte auf dem Podium sitzen, wo sonst die Trainer die Pressekonferenz abhalten.

Als einige Beteiligte und Betreuer die Handys zückten, um die Szene zu fotografieren, zog Ben in Windeseile seinen Pullover aus. Darunter erschien in diesem hässlichen stechenden Gelb ein Trikot von Borussia Dortmund. Natürlich haben wir uns alle schlapp gelacht und kein bisschen geärgert. Denn der Schalker und die Schalkerin sind ja humorvolle und sehr tolerante Menschen. Und Ben hat gezeigt, was für ein cleveres Bürschchen er sein kann.

Bis die Tage!

Ben wird das Nest nicht verlassen

Ben mit dem Down-Syndrom ist jetzt vom Alter her ein Erwachsener. Und da gibt es für die Eltern ein Problem: Andere Achtzehnjährige drängt es hinaus in die Welt, in die Selbstständigkeit. Das wird bei Ben nie so sein.

Es gibt keinen Punkt, der ihn zu einem Erwachsenen macht. Ben muss behütet werden, und ohne den Schutz der Eltern geht es einstweilen nicht.

Auch weil er bestimmte Dinge nicht kann. Geradezu symbolisch wirkt es, wenn ihn seine Mutter mit dem Nassrasierer rasiert. Da zeigt sich die Hilfsbedürftigkeit weit jenseits der Kindheit so klar und deutlich, dass manche Eltern ernsthaft darunter leiden. Sie übertreiben es dann oft mit der Fürsorge, aus Angst, dass etwas katastrophal schiefgeht. Ben könnte bestimmt zwei, drei Stationen mit dem Bus oder der S-Bahn fahren. Aber es bleibt halt ein Risiko, da lässt man es lieber sein.

Gott sei Dank ist Ben keiner, der gedankenverloren durch die Gegend spaziert und plötzlich nicht mehr weiß, wo er ist. Das passiert bei anderen schon mal, aber Ben ist ängstlich, er haut nicht einfach ab. Wie er heißt und wo er wohnt, könnte er aber im Notfall schon sagen.

Bis die Tage!

Streif-züge übers Land

Brachter Wald

Mir ist alles Militärische fremd. Bis vor ein paar Wochen wusste ich noch nicht einmal, was eine Haubitze ist. Trotzdem: Wir leben in Zeiten, in denen über den Einsatz von Soldaten und Waffen geredet werden muss.

Wenn Sie in Ihrer Freizeit einen wunderschönen Kontrapunkt dazu setzen möchten, dann habe ich einen Tipp für Sie: Fahren Sie ins Naturschutzgebiet Brachter Wald in Brüggen nahe der niederländischen Grenze. Denn dieser Naturpark war bis 1996 eines der größten europäischen Munitionsdepots. Unter britischer Kontrolle lagerten dort bis zu 45.000 Tonnen Bomben und Munition.

Das ist Geschichte.

Auf 1.250 Hektar Wald- und Heidelandschaft sind dort keine militärischen Kommandos mehr zu hören, sondern höchstens mal die Brunftschreie der Hirsche. Wanderer, Radfahrer und Inliner tummeln sich im Brachter Wald, und auf dem Gelände der Kaserne befindet sich jetzt ein Campingplatz. Kommen Sie am besten unter der Woche, bei schönem Wetter am Wochenende ist es mit der paradiesischen Ruhe schnell vorbei.

Bis die Tage!

Vopos mit Grundgesetz

Manchmal sind es kleine Erlebnisse, die die großen historischen Entwicklungen eindrucksvoll untermalen. Wenn ich an die deutsche Wiedervereinigung denke, fällt mir unter anderem eine Szene aus einer Polizeiwache in Potsdam ein, die ich 1991 besuchte. Nordrhein-Westfalen war im Herbst 1990 eine Partnerschaft mit dem neuen Bundesland Brandenburg eingegangen und unterstützte die Brandenburger beim Aufbau einer demokratischen Verwaltung. Ich guckte mir das als Journalist vor Ort an. Im Hinterzimmer der Polizeistation bot sich mir ein skurriles Bild: Da saßen fünf ehemalige Volkpolizisten, die nun plötzlich nicht mehr den Aufbau des Sozialismus schützen sollten. Ich weiß gar nicht mehr, ob sie noch die alten VoPo-Uniformen trugen. Sie alle lasen in einem schmalen Heft, auf dem vorne der Titel stand:
„Grundgesetz für die Bundesrepublik Deutschland."
Westliche Demokratie im Hauruck-Verfahren. Ob die Lektüre wohl zügig gewirkt hat? Für all diese Polizisten war vor Kurzem eine Welt zusammengebrochen. Dass viele damit überhaupt nicht klarkamen, merkte ich bei meinen Gesprächen. Einige Polizeibeamten führten, von der Wende schwer gezeichnet, im Dienst eine Alkoholfahne spazieren.

Bis die Tage!

Magic Mountain

Ich hab ja immer den Ehrgeiz, Ausflugsziele zu beschreiben, die nicht unbedingt jeder kennt. So eine Attraktion befindet sich im Duisburger Süden. Wo Duisburg nicht so industriell ist. Das Ding heißt „Magic Mountain" oder auch „Tigar & Turtle", also Tiger und Schildkröte. Es handelt sich um eine begehbare Achterbahn, die vor elf Jahren von den beiden Künstlern Heike Mutter und Ulrich Genth geschaffen wurde. Die riesige Skulptur befindet sich auf einer ehemaligen Halde, und es macht einen Heidenspaß, vor allem für die Kinder, darauf rumzulaufen. Einen Looping gibt es natürlich auch, der ist aber nicht begehbar.

Auf der Wiese drumherum können Sie Picknick machen. Oben auf dem Magic Mountain gibt's einen weiten Blick über Duisburg und sogar bis zum Düsseldorfer Flughafen. Nachts wird

das Kunstwerk von 880 LEDs spektakulär beleuchtet. Der Eintritt beträgt Null Komma Null Euro, freies Achterbahnlaufen also.

Ich empfehle, den Tag noch mit einem Besuch im Duisburger Innenhafen abzurunden. Wasser, Schiffe, Kunst und vielfältige Gastronomie – fertig ist der außergewöhnliche Ferientag.

Bis die Tage!

Bundesbank-Bunker

Ich liebe Ausflüge an die Mosel: wunderbare Landschaft, leckerer Wein, Entspannung pur. Vor ein paar Wochen kam noch eine außergewöhnliche, fast skurrile Erfahrung hinzu: die Besichtigung des sogenannten Bundesbank-Bunkers in Cochem.

Dahinter verbirgt sich eine sehr abgefahrene Geschichte. Im Kalten Krieg zwischen Ost und West kursierte die Angst vor einem neuen Waffengang, vielleicht sogar mit Atombomben, und vor sonstigen Angriffen aus dem Osten. Zum Beispiel vor einer getarnten Operation, bei der die Russen Deutschland mit Unmengen von Falschgeld überschwemmen und so eine gigantische Inflation provozieren würden. Die Nazis hatten das früher schon mal erfolglos in England probiert.

Als potenzielle Gegenmaßnahme druckte die Bundesbank 1958 eine Ersatzwährung, rund 15 Milliarden D-Mark in Scheinen, die den ursprünglichen Banknoten ähnelten. Die wären dann im Ernstfall tauschweise an die Bundesbürger ausgegeben worden. Das Geld lagerte atombombensicher unter der Erde in Cochem, getarnt durch zwei Häuser, die als Bundesbank-Fortbildungsstätten deklariert wurden.

Kaum zu glauben, aber wahr: Die komplette Aktion blieb geheim. Das Geld wurde dann 1988, im Zeichen von Glasnost und Perestroika, vernichtet.

Bis die Tage!

Zoom Erlebniswelt

In NRW gibt es eine Menge zu gucken. Zum Beispiel die Zoom Erlebniswelt in Gelsenkirchen. Man kommt nicht sofort drauf: Es handelt sich um einen Zoo. Der hieß früher Ruhrzoo und war am Ende in einem erbarmungswürdigen Zustand. Im Ruhrzoo soll ein Tierpfleger mal am Bärengehege eine Papptafel angebracht haben, auf der geschrieben stand: „Nicht am Bär packen."

Diese Geschichte ist zu schön, um wahr zu sein.

Die heutige Zoom Erlebniswelt ist ein Zoo mit außergewöhnlicher Konzeption. Das Gelände ist nämlich unterteilt in die vier Themenbereiche Alaska, Afrika und Asien und den Grimberger Hof, wo heimische Nutztiere zu sehen sind, mit einem Streichelzoo, einem Biergarten und einem Kletterspielplatz.

Die großzügig angelegten Erdteilbereiche sind spektakulär. In Afrika ist eine Bootsfahrt an den Savannen und am Regenwald vorbei möglich. Asien bietet einen 1.300 Meter langen Spazierweg durch den Dschungel. Alaska mit dem Küstenregenwald, der Tundra und der Polarregion hat unter anderem einen Unterwasserglastunnel in der Seelöwen-Anlage.

Circa 900 Tiere gibt es in der Zoom Erlebniswelt. In Asien wartet jetzt eine neue Tierart: der nördliche graue Schlanklori, ein kleiner Affe mit großen Augen. Da bin ich aber mal gespannt.

Bis die Tage!

Schiffshebewerk

Meine Kindheit habe ich in Datteln verbracht. Heute spreche ich vom Venedig des Ruhrgebiets. Denn in Datteln, der ehemaligen Zechengemeinde, treffen sich auf über 17 Kilometern Länge vier Kanäle. Ein Stück jenseits des Dattelner Stadtgebietes befindet sich das eindrucksvolle Schiffshebewerk Henrichenburg am Dortmund-Ems-Kanal. Ich habe diesen Aufzug für Schiffe noch in Betrieb gesehen. Mein Großonkel August war sogar dabei, als Kaiser Wilhelm II das Hebewerk 1899 einweihte.

Die Schiffe wurden über eine Höhe von 14 Metern gehoben oder gesenkt, der stählerne Trog hatte inklusive Wasser ein Gewicht von über 3.000 Tonnen. Der Unterschied zu Schiffsschleusen: Dort wird der Höhenunterschied durch Hinzufügen und Ablassen von Wasser überwunden.

Optisches Erkennungszeichen des Schiffshebewerkes ist ein großer steinerner preußischer Adler mit Krone, Zepter und Reichsapfel in goldener Farbe. 1962 wurde das Hebewerk stillgelegt und durch eine moderne Hub-Anlage ersetzt. Der Abriss des alten Industriedenkmals konnte verhindert werden. Es ist seit 1992 ein sehenswertes Museum über die westdeutsche Binnenschifffahrt. Mit einem Hafen und einer Sammlung historischer Schiffe.

Bis die Tage!

Tag der Trinkhallen

Im Ruhrgebiet wird zum dritten Mal nach 2016 und 2018 der Tag der Trinkhallen begangen. An 50 Kiosken oder Buden, wie wir immer gesagt haben, gibt es Kulturprogramme: zum Thema Fußball beispielsweise, oder mit privaten Familien-Filmen aus den 1950er bis 1980er Jahren.

Die ersten Trinkhallen entstanden in der zweiten Hälfte des 19. Jahrhunderts vor den Werks- und Zechentoren. Dort gab es ironischerweise anfangs nach der Schicht nur alkoholfreie Getränke, um dem Alkoholismus der Arbeiter entgegenzuwirken. Heute ist die typische Bude allen Idealisierungen zum Trotz auch ein Treffpunkt von Problemtrinkern. Aber abgesehen davon ist sie gerade im Ruhrrevier ein grandioser Ort der Kommunikation.

Im Kiosk kaufen die Kinder immer noch die unverpackten Bömbskes aus dem Glas, und für abends steht da auch garantiert noch eine Dose Bockwurst im Regal. Oder belegte Brötchen, oder Frikadellen. Die Existenz der Buden wird von den Tankstellen mit ihrem großen Sortiment bedroht. Aber es gibt Anzeichen, dass gerade die jungen Leute die Bude anne Ecke als Kultstätte zu pflegen beginnen. Schön wär's.

Bis die Tage!

Bergwerk Ramsbeck

Vor ein paar Jahren habe ich mal eine Grubenfahrt gemacht. Das Erstaunliche daran: Ich bin zu diesem Zweck nicht ins Ruhrgebiet, sondern ins Sauerland gereist. Und zwar zum ehemaligen Erzbergwerk in Ramsbeck, einem Ortsteil von Bestwig. Hier wurden bis 1974 Erze aus dem Berg geholt, Blei, Zink und sogar etwas Silber. Kurz nach der Schließung der Grube eröffnete ein Besucher-Bergwerk, bis heute kamen etwa 3,5 Millionen Besucher.

Die erste Überraschung: In Ramsbeck rauscht kein Förderkorb in die Tiefe, es rumpelt eine elektrische Grubenbahn mit Wagen wie auf einem Kinderkarussell nahezu waagerecht in den Berg. Am Ende liegen etwa 300 Meter Gebirge über dem Besucher. Vergessen Sie Ihre klaustrophobischen Ängste: Niemand muss hier auf Knien durch Stollen rutschen, die Räumlichkeiten sind erstaunlich hoch und weit.

Und am Ende gab's noch, zünftig aus dem Henkelmann, Haxenfleisch mit Sauerkraut mit einem Fläschen Sauerländer Pils. Alles bei fast romantischer Beleuchtung. Ich war schwer beeindruckt.

Bis die Tage!

Marta

„Fahr doch mal nach Herford!", forderte mich ein Freund ulti-
mativ auf. „Was soll ich denn da?" Ich bin hingefahren. Denn
es gibt mindestens einen Grund. Und der heißt Marta.
Marta ist ein spektakuläres Museum für moderne Kunst. Das
ehrlich gesagt keiner im ostwestfälischen Herford erwartet.
Der Name Marta, M-a-r-t-a, steht für Museum, Art und Am-
biente oder Architektur. Den Anstoß gab vor vielen Jahren
der damalige NRW-Wirtschaftsminister Wolfgang Clement,
der sich für ein „Haus des Möbels" in einem der Zentren der
ostwestfälischen Möbelindustrie aussprach. Die Idee wurde
ausgeweitet, als Architekt konnte der berühmte Frank Gehry
gewonnen werden.
Das Gebäude aus rotem Klinkerstein und Edelstahl erinnert
an eine riesige Skulptur und hat Ähnlichkeit mit dem Guggen-
heim-Museum in Bilbao. Ein besonderer Schwerpunkt liegt
auf Architektur und Design, jedes Jahr kommen an die 70.000
Besucher, um sich die wechselnden Ausstellungen anzu-
schauen. Ich habe dort vor zehn Jahren mal die beeindruckende Schau „Asche und Gold – eine Weltenreise" gesehen.
Und anschließend gab es dann ein Glas vom vorzüglichen
einheimischen Pils.

Bis die Tage!

Die Ringenberger Mauer

Die Mauer in Berlin fiel im Jahr 1989. Eine andere Mauer wurde zwanzig Jahre vorher abgerissen. Nur: Die Mauer von Ringenberg kannte kaum jemand. Ein Teil davon war in der Ausstellung „Unser Land – 75 Jahre Nordrhein-Westfalen" zu sehen.

Ringenberg liegt am Niederrhein und ist heute ein Teil von Hamminkeln. Ende der 50er Jahre wurde dort eine neue große Grundschule gebaut, früher Volksschule genannt. Katholiken und Protestanten wurden damals in den ersten vier Jahren getrennt unterrichtet. Deshalb kamen sie in Ringenberg auf die absurde Idee, die räumliche Trennung der Konfessionen durch eine zwei Meter hohe Backsteinmauer zu vollenden, die quer über den Schulhof ging. Es war bei Strafe streng verboten, die Seite zu wechseln. Die Trennung nach Religion war gelegentlich auch ein Akt der Fremdenfeindlichkeit, weil vielerorts ein katholischer Ortskern auf zugezogene evangelische Flüchtlinge aus dem Osten prallte. Die Konfessionsschulen wurden Ende der 60er unter der sozialdemokratischen Regierung Kühn abgeschafft. Aber die geistige Trennung hielt noch eine Weile an.

Meine Mutter gab mir Anfang der 70er den Rat: „Heirate bloß keine Evangelische." Eine Empfehlung, die ich später sogar zweimal in den Wind geschlagen habe.

Bis die Tage!

Sauerlandlinie

Im Oktober 1971 gaben Bundeskanzler Willy Brandt und Ver-
kehrsminister Schorsch Leber das letzte Teilstück der Sauerlandlinie zwischen Lüdenscheid und Freudenberg frei. Von da
an wurde die A 45 ein Teil meines Lebens. Denn ich stammte
aus Datteln im östlichen Ruhrgebiet und studierte in Marburg
an der Lahn. Anfangs quälte ich mich mit meinem VW Käfer
über die Bundes- und Landstraßen im Sauerland. Über Arns-
berg, Meschede und das Waldecksche Frankenberg. Die
Sauerlandlinie war eine Riesen-Erleichterung. Anfangs noch
gähnend leer. Eine beeindruckende Autobahn mit ganz viel
Landschaft. Und vielen Brücken. Ab 1972 war ich fast jedes

Wochenende auf der Strecke, weil meine Fußball-Reporter-Karriere beim WDR begonnen hatte. Die Stadien in Schalke, Dortmund und Bochum warteten. 1975 zog ich nach Düsseldorf, die Sauerlandlinie hab ich aber nie ganz aus dem Auge verloren.

Und dann kam neulich die Nachricht, dass die 450 Meter lange Rahmede-Brücke bei Lüdenscheid abgerissen werden muss. Vom Ruhrgebiet durchgängig nach Frankfurt? Geht nicht mehr für mindestens fünf Jahre. Eine Tragödie für die Region. Der Zustand von 1971 ist wieder erreicht. Nur mit dem Unterschied, dass zuletzt dort 64.000 Fahrzeuge täglich gezählt wurden. Ein Trauerspiel.

Bis die Tage!

Bilderverzeichnis

Mihai Paraschivsmile by pixabay 13

courtney-cook by unsplash... 15

dimitry-b by unsplash... 16

charbel-aoun by unsplash.. 17

S. Hermann by pixabay 18

slashio-photography by unsplash..................................... 22

nathan-dumlao by unsplash 25

dana-devolk by unsplash 27

eaters-collective by unsplash.. 28

terry-vlisidis by unsplash.. 30

hansiline by Pixabay.. 34

Dorothe by Pixabay.. 37

svklimkin by pixabay... 39

yousef-alfuhigi-bMIlyKZHKMY by unsplash..................... 42

tabitha-turner by unsplash 45

cathal-mac-an-bheatha by unsplash............................... 49

Karel by Pixabay 50

nadeykina-evgeniya by unsplash 54

svklimkin by Pixabay 56

louise-lyshoj by unsplash 59

Thomas by Pixabay 60

K. H. J. MCI by Pixabay.. 64

nikolai-chernichenko by unsplash 67

kari-shea by unsplash 70

kourosh-qaffari by unsplash.. 72

lance-reis by unsplash 80

andreas160578 by Pixabay 83

janosch-lino by unsplash.. 85

towfiqu-barbhuiya by unsplash 87

son-of-sam by unsplash.. 90

anthony-fomin by unsplash 95

Gerhard meal by pixabay.. 96

edgar-soto by unsplash 98

Jill Wellington by Pixabay 100

Jaromír Novota by Pixabay 103

Eva by Pixabay... 105

glen-carrie und kelly-sikkema by unsplash 108

Сергей Корчанов by Pixabay 112

Altmann by Pixabay... 114

art by Pixabay 117

tetiana-bykovets by unsplash 118

mika-baumeister by unsplash 123

It is not permitted to sell my photos with

StockAgencies by Pixabay... 126

Ralph by Pixabay.. 127

kstudio by freepik.. 130

lukas-rychvalsky by unsplash 132

Pexels by Pixabay 134

Alexa by pixabay 137

Peggy by pixabay.. 141

Eduardo Davad by Pixabay... 145

becca by unsplash 146

jennifer-latuperisa-andresen by unsplash 154

alle anderen Fotos by Dirk Purz

Cartoons

Konstanze Ebel 11, 21, 33, 47, 69, 77, 93, 111, 139

Bibliographische Information der Deutschen Nationalbibliothek
Die Deutsche Nationalbibliothek verzeichnet diese Publikation
in der Deutschen Nationalbibliographie; detaillierte bibliographische Daten sind im Internet über http://dnb.d-nb.de abrufbar.
ISBN 978-3-7858-0880-1

Umwelthinweis:
Dieses Buch wurde auf chlorfrei gebleichtem Papier gedruckt.
© Luther-Verlag, Bielefeld 2023

Umschlaggestaltung: tiefschwarz und edelweiß, Hagen (www.tsew.de)
Satz: Luther-Verlag GmbH, Bielefeld

Druck und Bindung: Rudolph Druck oHG, Ebertshausen
Printed in Germany

Bernd Becker,
Gerd-Matthias Hoeffchen

Was weg ist, ist weg

Kuriose Beerdigungsgeschichten

136 Seiten | gebunden
Format 20,5 x 13,5 cm
ISBN 978-3-7858-0665-4
12,95 Euro

Ungewöhnliche Grabinschriften wie „Hier ruhen meine Ge-
beine, ich wollt, es wären Deine" kennt jeder. Und auch bei
Beerdigungen ist der Grat zwischen Trauern und ungewollter
Komik schmal. Die Autoren fragten Pfarrerinnen und Pfar-
rer, Bestatter und „normale" Menschen nach anrührenden
Beerdigungserlebnissen. Daraus entstand diese hinreißende
Sammlung, ein Kleinod des Allzumenschlichen. Ernst und
doch erheiternd.

Luther-Verlag

Cansteinstr. 1
33647 Bielefeld

 (05 21) 94 40-137
 (05 21) 94 40-136
 vertrieb@luther-verlag.de
 www.luther-verlag.de

Luther-Verlag

Cansteinstr. 1
33647 Bielefeld

 (05 21) 94 40-137
 (05 21) 94 40-136
 vertrieb@luther-verlag.de
🌐 www.luther-verlag.de